場のチカラ

プラスアルファの力を生みだす創造手法

THE POWER OF BA
Generating Ideas For Tomorrow

KM叢書

日本ナレッジ・マネジメント学会 監修
森田松太郎 編著

東京 白桃書房 神田

序文

本書は経営における場の重要性に関する研究成果をまとめたものである。

企業の歴史は企業の中に生じるカベとの戦いといえる。カベは知識の共有を阻害し企業経営の実践にあたり大きな障害になる。

組織の小さい間はいいとしても、組織が大きくなると必ず組織の中に存在するカベの障害に悩まされる。官僚機構などに典型的に表れ、業務の生産性が阻害されることになる。イギリスのパーキンソンによると官僚機構は次第に自己肥大を続け、組織は強固になり、カベが厚くなると指摘している。

一旦組織ができあがれば、組織を守る論理が働き部門間に厚い壁ができる事は誰でも認識できる状態である。人類は発生の初期からいろいろな経験を積み、それが知識として蓄積されてきている。これらの知識は人類の持つ知的資産として Intellectual capital として認識されるようになってきた。この知的資産をいかにして活用するかは人類の知恵であるが、カベの問題の解決に対する知恵は残念ながら十分とはいえない。

かつてドラッカーは二一世紀の経営における大きな問題は、ホワイトカラーの生産性をいかにして上げるかにかかっているといった。換言すれば、企業の中の各人の持っている知識をいかにして組織の中で共有し、次の新しい知識の創造につなげ、生産性の向上をもたらすか大きな課題である。

この本の第一章は森田松太郎により組織の中における壁の問題を取り上げている。組織の中の壁の解決策としての場の設定とその効用について述べている。まず物理的な面として、仕事の環境の変化によって仕事の生産性が向上する。換言すれば物理的な場の変化が意識を変え、仕事の効率が好転する。場には上下の場とヨコの場がある。壁がなくなり社内の力が一点に集中するようになれば、そのエネルギーは大きい。横断的な場は社の内外におよぶ。

第二章は第一章と同じく森田が朝日会計社での経験から、場のマネジメント—壁のブレークスルーとしての場の効用について述べている。朝日会計社は最初複数の個人事務所が統合した相撲部屋の集まりのような組織であった。その真の統合には部屋の壁をやぶる横断的な場の設定が必要であった。壁の問題の解決のために定期的に人事の異動を実施し、一人が少なくても三回部門移動することで壁の問題は軽減された。

第三章は大西幹弘により、経営の場は三層組織になっており、最下層は「空間としての場」、第二層は「人間組織としての場」であり、第三層は「状況としての場」であること、それぞれの場について分析が行われている。経営における場の三層構造を述べ、また「経営の場」と「競争の場」の観点からと企業業績の関係を、特に武蔵精密工業とプロトコーポレーションについて実証的に分析を行っている。経営の場は主観的であるが、客観的な場として競争の場は、経営者の暗黙知が二つの場をつなぐという機能を持っている。前述二社の分析は卓越した経営者の暗黙知が、ハイパフォーマンスに帰結したとみられると述べられている。

第四章は喜田昌樹と松本雄一の両名により伝統産業である陶磁器産業を取り上げ、場の活用について述べている。実践共同体としての場として源右衛門窯を取り上げ、さらに作家間の場の活用として、備前焼陶友会・萩陶芸家協会等を取り上げている。神戸大学陶磁器産業経営研究会は佐賀、京都、岐阜、山口、愛知、岡山、長崎、滋賀、三重の窯元ついて調査した。また源右衛門窯における人材教育としての場について調査した。例として共同の大規模登り窯のケースについて述べている。また陶磁器産業には知識を習得する場として同業者組合があり、場と実践共同体の概念を明確にしている。

第五章は山崎秀夫により二一世紀型セミナーとソーシャルTVによる集合知、場づくりと知識共有におけるバックチャンネルの効果と応用について、企業のかかわりおよび広がりについて述べている。二〇世紀の工業型ナレッジ・マネジメントは、同質的商品の大量生産、それに伴う大量消費には有効であった。二一世紀の知識社会では同一企業内のアイデアだけでは変化に対応できない。ソーシャルTVの発展で欧米のカンファレンスに参加できる時代が到来している。暗黙知の共有を含め、インターネット上でのバックチャンネルや集合知の活用により、知識共有が十分可能な社会になってきた。

第六章は進博夫により、自然と生命と場と企業について、鍋屋バイテックとエーザイを比較分析して述べている。鍋屋バイテックは一五六〇年からの歴史を持つ匠の技を今に生かす企業であり、エーザイは知識創造企業として有名である。鍋屋バイテックでは人の環境において働きやすいとはいかなるものか、どうすれば人間は創造性を発揮できるか中小企業の観点から分析している。エーザイは知創部をつくり、日常の業務を通じて企業理念を追求している。企業は視野を広げ多様性を重視し、思いを共有できる場を通じて継続的に創造を続けていくことが必要である。

第七章は船橋仁により企業は知的資本集積の場であるとの観点から企業の実態価値を論じている。事例研究として日立アプライアンスを取り上げ、企業の統合、合併に際し、企業を知的資本集積の場としてとらえ、対応したケースについて論じている。企業とは知的資本集積の場である。企業を知的資本の場として認識すると、見えざる企業内の価値を可視化する必要がある。一事業年度終了に際し、財務状態の結果だけでなく、知的資本がどの程集積したかの評価が必要である。

それぞれの執筆者により経営における場の効用が取り上げられているが、企業経営における場の効用が再認識されれば幸いである。

本書の誕生に際し白桃書房の大矢社長には大変お世話になった。改めて厚く御礼申し上げる。

平成二四年三月吉日

日本ナレッジ・マネジメント学会理事長　森田松太郎

目次

序文　森田松太郎　001

第1章　場と壁

組織の中の壁　002
タテ・ヨコの壁　009
壁のブレークスルー　016

第2章　場のマネジメント―朝日会計社のケース―　森田松太郎　029

企業の合併と壁　030
全社一体化への場　035
経験から得た教訓　049

第3章　競争の「場」と経営の「場」
―経営者の暗黙知が二つの「場」をつなぐ― 055
大西幹弘

経営の「場」とは何か 057
競争の「場」の構図 064
競争の「場」と経営の「場」 069

第4章　陶磁器産業にみられる「場」の活用 085
喜田昌樹・松本雄一

伝統産業における「場」の活用 086
陶磁器産業の現在 093
窯元内における「場」の活用―源右衛門窯にみられる実践共同体としての場 098
窯元・作家間の「場」の活用―萩陶芸家協会と備前焼陶友会を中心に 102

第5章　二一世紀型セミナーとソーシャルテレビ型バックチャネルによる集合知の活用……山崎秀夫　119
ソーシャルテレビとは何か　123
ソーシャルテレビ登場の経緯　126
一般企業による活用と活用事例　129
場づくりと知識共有を進めるバックチャネル　132
ソーシャルテレビへのバックチャネル応用の仕組み　140
擬似ソーシャルと擬似リアル　142
ソーシャルテレビとバックチャネルの事例　144
スマートテレビへの発展　151

第6章　自然と場と企業……進　博夫　157
大自然と近代　160
生命と環境―組織の場とのかかわり　164

鍋屋バイテック会社　168
エーザイ　181
まとめとして　191

第7章　「知的資本の集積」場としての企業マネジメント……199
船橋　仁
知識社会の潮流を紐解く　200
企業を存続させるステークホルダーとの関係性を理解する　204
企業とは知的資本の集積「場」である　207
企業の実体価値と知的資本　211
知的資本マネジメント方法　217
日立アプライアンス社　224
まとめ　230

第1章

場と壁

森田松太郎

組織の中の壁

見えない壁

人が二人集まれば社会ができる。違った環境に育った人間が二人集まれば当然考え方が違う。この問題はあらゆる組織の悩みとなって存在する。

手近にある例で家庭を考えてみよう。たいてい家庭は男と女が結婚することでできる。この家庭の成立要素である男と女はそれぞれ違った環境で育っているから、経験や物の考え方が同じということはありえない。換言すれば、結婚した日から目に見えない壁があるといえる。お互いに相手を知る努力で壁は薄くなるが、壁の解消には時間がかかると思われる。壁が解消できずに離婚に至るケースも多く存在する。

子供ができると、親子間には時代の変化による環境や社会の変化で考え方の壁が生じる。親子の壁は育った時代の影響が大きく、極端な場合、五年おきとか一〇年おきに相互の理解ができない場合がある。親子の壁は不幸にも親子間で殺人のような事件を発生させかねない。殺人は極端であるが、親子間に考え方の齟齬が生じ、お互い不信感が醸成されがちである。このように、親子間でも壁に悩まされるのであるから、いわんや他人の集まりである。組織において壁が生じるのは避けられない現象と考えられる。

オフィス環境の改善

人間は環境に影響されるといわれている。この事実は世界共通と思われるが中国では孟母三遷の教えがあり、ロシアではエンゲルスが人間は環境に支配されるといっている。事実、われわれは環境に影響されている実感がある。気分直しに一杯飲むのも、また山へ登り気分が変わり、再び頑張る元気が出るのも事実である。場所を変える事が気持ちを替えることにつながる。

オフィスの場合はどうであろうか。環境を変えることは、意味があるかを考えてみよう。かつてJR東日本の本社を訪れ、役員室を見学したことがある。当時役員室の常識は各人が個室に入り、他の役員とは交流しにくい環境であった。松田社長の案内で、所謂役員室とは全く違って壁のないレイアウトに驚いた。松田氏は壁をなくす事で誰が何をやっているかが直ぐ分かるし、情報の共有も簡単であるといった。確かに壁がない事で誰が部屋に出入りしているかや、電話の内容等が分かる。同時に役員の仕事ぶりが評価できるメリットもある。

アメリカのペルツが第二次大戦における将校の業績を分析した結果、指揮官が一人で把握できるのは、複雑な仕事で七人位、単純な仕事で三〇人から四〇人位といっている。ペルツの研究は非常に示唆的である。

役員全員が七名以内であれば、役員の業績は把握しやすいが、七人以上になれば困難になろう。仕切りのない部屋に同居することで、これらの欠点は排除できる。社内の結束をはかる事は企業の経営にとって大変重要である。間仕切りをどうするかは慎重に考える必要がある。オフィスのレイアウトはその社の経営者の経営方針を反映している。その組織が風通しの良い組織か、風通しの悪い組織かは経営の結果に現れる。旧国鉄時代の役員室のレイアウトは見学したことがないので分からないが、個室に閉じこもっていたのではなかろうか。その効率の悪さからワンルームに踏み切ったと想像される。

国鉄時代は大きな赤字を生み、国としても頭痛の種であった組織が、民営化して地域ごとに分割されてから利益を生む優良会社に生まれ変わったのも、オープンな雰囲気を目指した経営者に負うところが大きい。

オフィスの環境の例

NTTドコモにおいても思い切ったレイアウトが取られていた。事務室の中のレイアウトはフレキシブルになり、間仕切りは原則廃止し、必要に応じて植木鉢を異動して必要な区画をつくっていた。仕事によって携わる人員が変わるため、間仕切りが固定した部屋は使用効率に限界が生じるデメリットを排除したのである。その日の会議に集まる人数により使用する面積が違い、簡単な間仕切りをする事で仕事の意見が集中するのでよいとされている。

日立ハイテクノロジーは日立製作所の子会社であるが、新しい製品を生み出す研究室はユニークな環境をデザインしていた。研究室は静かな環境をつくり出していた。例えば、部屋の天井は黒く塗っており、研究員にはお互いの目が合わないように設計された机が用意されていた。お互いの目が合うことで研究に集中できない事への配慮である。研究員は余計な事に煩わされることなしに研究に没頭できる環境が提供されていた。明るい窓側に四〜五人が座れる机と椅子（場）が用意され、研究の途上で他人の意見を聞きたい時には意見の交換ができるようになっていた。研究員の考えがまとまりレポートを作成する段階になれば、他の事に煩わされる事なくリポートづくりに没頭できる個室が用意されていた。こうしたレイアウトにより研究の成果が促進されたという事だ。

数年前フィンランドのノキアを訪問した。ノキアは現在モバイルの会社として有名であるが、かつては重電、木材、ゴム製品の会社であった。当時の副社長によると、若い社長が着任してからノキアは大きく変化した。ノキアは新社長のもとでオープンで明るい雰囲気の社風づくりを目指した。正面の入り口を入ると前面は総ガラス張りで湖が見えオープンな雰囲気であった。正面を入った一階のロビーには大きなヨットが置かれていた。コンセプトを確かめると、We are on the same boat という意味であるとのことだった。つまり会社は社員も顧客も同じ船に乗っているということだ。同じ船に乗っているのだから、顧客の要望、例えばクレームなどはできるだけ早く答え、顧客の要望に応える。ノキアでは問題の解決を迅速に処理するために決済までのサインは三個にしている。決済の権限を組織の下部に下ろしているのでスピードが速いのである。日本の現実を見ると決済には印が必要であるが、印三個で決済する例は少ない。

企業の中にある壁と場

国家の中に富める階層と貧困な階層が生じると、階層の中では極端な対立がなくても、富裕層と貧困層の間の壁は厚く、紛争が生じ、革命にまで至るケースがある。翻って企業を見ると、組織の中に部門と部門の間に壁があり、部門間の壁が厚くなれば、全体の統一がとれず企業の経営上困難が生じる。

企業の場合は組織が小さければ何とか意思の疎通ははかれるが、組織が大きくなると部門が分割される。分割された部門は時間の経過と共に独特の文化をつくる。例えば組織の人数が一〇人位であれば各個人の分担を決めればそれで済む。五〇人になったらどうだろうか。それぞれの仕事が専門化されてくるから、共通の仕事の人員は一括りにした方が知識の交換ができ、共通の話題が生じ仕事の効率が良くなる。同じ仕事の人員で部門をつくれば働きやすい。また経験に基づく知識が蓄積されてくるから仕事の効率が上がる。こうした状態は必ずしも悪いとはいえない。

このようにして部門が形成されると、例えば組織は総務部、経理部、営業部等に分割される。時間の経過と共にそれぞれの部門に固有の文化がつくられていく。同じ企業でありながら意識の違ったグループができてくる。意識の違ったグループでは部門間に壁が生じやすい。部門によっては部の中に親分子分のような関係が生じる。仮に部門間に人事移動がなければ、その部門に配属された人材は他の部門のことは知らないから、会社はその部門のようなものだと思う。人事異動があれば移動した先に違和感を覚え、新しい部門の文化に抵抗感を持つであろう。人事異動が継続的に実施されれば次第に部門間の文化は同一化していくことになる。

伊丹（二〇一〇）によれば経営における場は「場とは、人々がそこに参加し、意識・無意識のうちに相互に観察し、コミュニケーションを行い、相互に理解し、相互に働きかけ合い、相互に心理的刺激をする、その状況の枠組みのことである」とある。重要なのはコミュニケーションである。単に人が集まり場を形成しても、お互いのコミュニケーションがなければ場の意味はない。あくまでも相互にコミュニケーションを行い、ヒントを得て何か新しいものをつくり出す事に意義がある。

部門の間にある壁の障害

部門の間に壁ができると、企業内では部門間の意思疎通ができなくなりがちである。部門ごとに仕事の内容が違うから、当然部門ごとに意識が違ってくる。この壁は企業にとってプラスになる場合もあるが、相対的にマイナスの方が多いと思われる。

大会社における壁は会社を倒産に追い込む可能性がある。かつて名門と呼ばれたカネボウが予期せぬ倒産をした。倒産して分かったことは、大変巨額の粉飾決算を永年にわたり行っていた事であった。粉飾はごく一部の役員の考えで行われたもので、一般の従業員には知らされていなかったと見られる。役員においても、ごく一部の役員は事実を知っていたが、大多数の役員は所謂ツンボ桟敷で全く知らなかったといわれている。役員間に厚い壁があり事実の共有が完全に無視されていたようである。つまり一部の役員とその他の間には厚い壁が存在していた事になる。

平成二二年、日本航空が破産した。日本航空は完全に厚い壁が上下左右にあり、何が実態か役員クラスも把握できなかったと見られている。日本航空には複数の労働組合があり、また、過去にＪＡＳと合併したことで縦横に壁が存在していたものと考えられる。これでは上手くいくはずがない。壁の存在で困るのは、会社の真の実態が見えないことだ。実態が見えなければ改革の手の打ちようがないし、仮に手を打ったとしても間違った手か不十分な手になりかねず、かえって社内を混乱に陥れる危険がある。

部門の利害と全社の利害

各部門ごとに最良と考えられる手を打ったとしても、全社的に見て調和がとれていなければ混乱を招く可能性がある。部分最良が全体に見て最良とは限らない。

中小企業によく見られるワンマン型の会社にも上下に厚い壁がつくられがちだ。ワンマンの会社はリーダーシップがハッキリしているから意思決定が速いというメリットがある。一方で部下の意見に耳を傾けない傾向がある。換言すれば自信過剰である。会社の事は自分が一番よく知っているると考え部下の話や進言には耳を貸さないのである。これでは自ら厚い壁を自分と部下の間につくっているようなものだ。

典型的な例で日本相撲協会がある。相撲協会に特殊な構造で相撲部屋が集まって協会が組成されている。はじめから部屋の間に厚い壁があり、部屋は独立して運営されている。部屋の親方の力は企業における社長のようなものである。相撲部屋は長い伝統の上で運営されているが、野球賭博や八百長相撲の存在に関して、その実態の把握は単一の組織と違って困難を極めている様相だ。理事長の意向を各部屋に伝え、正しく対応することのできる組織ではないと思われる。特に八百長相撲は当人同士の心の問題であるから外から事実を知ることは至難の業である。部屋のあり方を改革し、理事長が実権を持つようにならなければ、実態はつかめないであろう。

タテ・ヨコの壁

ヨコの壁

壁にはヨコとタテの壁がある。どちらの壁も好ましい存在ではない。かつて「会社の寿命三〇年」という記事を目にした。大変示唆的な話で会社は三〇年経ったら倒産するというわけでなく、会社は一つの技術を守っていると技術の進歩についていけなくなる点を指摘している。

第一次産業革命によってそれまでの手作業を行っていた作業を石炭を使った蒸気の動力を使い生産するようになった。まさに革命といえる変化を人類社会に与えた。イギリスで起こった産業革命が紡績業のあり方を一変し、大量生産を可能にした。これはまさに革命で、この革命についていけなかった企業は産業界から没落した。

機械を動かすにはエネルギーが必要である。エネルギーを中心にした変化が会社のあり方を変えた。燃料は石炭から石油に変わり原子力になり、ソーラーなどの自然エネルギーに変わりつつある。こうした変化についていけない産業は退場を余儀なくされる。三〇年も経つと産業界は技術革新で勢力関係が変わる。会社の寿命三〇年とはいいところを突いている。

知識共有とヨコの壁

ヨコの壁はその組織内における知識の共有を妨げる。個人個人の知識は、企業の組織の中で企業知として共有することで価値が増す。例えば知識を共有することで、その知識に刺激され、新しい知識の創出につながる。知識のイノベーションを起こす可能性があるのである。

企業にとってイノベーションとクリエーションは共に重要な力である。イノベーションを行わない企業は技術開発に遅れをとり、ライバル企業との競争に負けかねない。これでは困るわけでイノベーション継続可能な組織をつくる必要性がある。

シュンペーターは創造的破壊の必要性を説いたが、現代においてもあてはまる考え方である。イノベーションは間欠温泉では駄目で、継続して行われるようにしなければならない。企業会計原則では継続性の原則が重視されている。手続き、方法の原則が継続されていて初めてその決算書は真実を表していると考えている。手続きや会計処理の方法、原則が毎年変更されていては、その財務諸表は真実を表しているとはみられない。毎年変更されると前年あるいは前々年と比較しても比較の意味がなくなるからである。

このように継続していくことは大変重要なことで、変更する時はそれだけの合理的な理由が必要になる。会社経営の理念も同様で、毎年理念が変更されるとすれば何を考えて経営している会社か、外部の人からは分からない。それでは会社の信用が落ちることになる。国の政治も同様で毎年のように方針が変わっては、国民の信頼を確保できない。

ある会社における話し合いの記録

ある会社を仮にD社とする。D社では社内で初めて討論会を開いたところ、経営者の考えと社員の考えの違いがクローズアップされた。食い違いのポイントは上下左右にあった壁が原因で、社員側は経営者が何を考えているか分からない、何を提案しても反応がない、新製品に関してどういう方針を持っているか分からない、ヨコの部門の人々とのナレッジが共有できない、知識の共有に対して関心がないとして経営と社員の間にある壁の存在が噴出した。

会社の中における力が分散している状況であった。この討論会は大変示唆的である。普段は上下関係に壁があり自由な発言はできないかもしれないが、発言に制約がなければ真実が出てくる。本音が出てくるのである。本音は非常に重要である。現場には多くの宝物が存在している。その宝物は隠れていてなかなか表出化しない恨みがある。いくら貴重な意見や考えでも表出化しなければ宝物にはならない。宝物の見える化が必要である。現在あらゆる会社でいかにして見える化を実現するかで努力がなされている。宝物は現場にあり、それが認識されれば上出来である。現場の意見は具体的で示唆的である。人事異動、教育研修の方針などで生の意見が出ることは組織にとって貴重なのである。

換言すれば、現場の人々とコミュニケーションのパイプをつなぐことである。分かっていてもなかなか実現できないのが現実で、何が障害になっているか考えてみなければならない。

集中力の強さ

ある会社の経験では、社長と部下の間に壁があり、いくら良い提案をしても取り上げてもらえない。従って社員は口を閉ざして本音をいわなくなる。社長は部下より自分の方が知識は深いと思っているから、はじめから部下の提案を取り上げる気持がない。

集合知という言葉がある。個々の知が全体の知になると集合知になるが、その力を再認識する必要がある。太陽光線はそのままでは大きな光熱にならないが、図表1－1に示すようにレンズを通し、光を一点に集中させる事により大変な高熱をつくりだす。つまり集中しなければただの光線であるが、集中することで大変なエネルギーを生み出すのである。会社のエネルギーも同じで個々人の力は限られているが、この力を一点に集中することで大きなエネルギーを発揮する。会社の中の人の力は普段はバラバラになっているが、いざというときに集中すれば、期待以上の力が発揮される。

日本においても敗戦後廃墟と化した国土を全員の力で復興し、経済を成長させた歴史がある。その結果ＧＤＰが世界第二位まで達した事は記憶に新しい事実である。

全員の方向が一致すれば非常に大きな力になる。会社の経営はこのことを気づくべきである。勿論、気がついただけでは駄目で実行しなければ何にもならない。日本人の欠陥は気がついても実行までに時間がかかる事だとある中国人に指摘されたことがある。中国人は決断が速く、決断した案件はすぐ実行に移すといっていた。これからグローバルに展開するには、決断と実行が速い国々と競争する必要に迫られるであろう。よって、日本人はもっと判断と決断と実行の間のスピードを上げる必要がある。

図表 1-1　エネルギーの集中

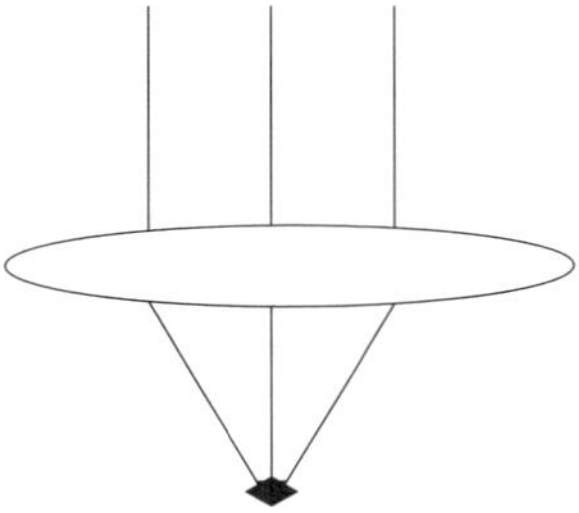

韓国のサムソンは決断の速さで急速に成長し、今や日本企業はついていけない状況である。十分考える必要がある。日本の企業がグローバルに活躍するにはグローバルの実情を十分研究し、負

けない事が必要だ。日本は海に囲まれた島国であるから侵略された歴史がなく、村社会に安住しているといえる。大陸の国家は絶えず侵略の恐怖と共に生きているから、決断を速くしなければそれは死を意味する事になりかねない。彼らは絶えず侵略を受けた歴史の記憶と共に生きてきた民族としての記憶があり、決断が遅ければ命にかかわるという判断が習い性になり、速い決断につながっているものと見られる。

タテの壁

D社の例で見たようにタテの壁の他にヨコの壁の影響は無視できない。会社の中には部門間にタテの壁があり、会社の一体化の大きな障害になっている。タテの壁は放置しておくと経営の不信感につながり経営の効率を下げる心配がある。

タテの壁は経営者の意識の問題でもある。経営者が会社の中のことはすべて熟知していると考えていると現実を見誤る恐れがある。経営者の持っている理念や経営方針は全社にいきわたる必要がある。そのためには上と下にヨコの壁があっては理念や経営方針は会社全体に伝わらない。会社の経営方針は、伝わっているようで実態は伝わっていないケースが多い。経営者は絶えず方針を社内に伝える努力をしなければならない。

組織の中に経営の方針が伝わらず、質問しても納得のいかない答えしかないとすれば当然不信感が醸成される。そして企業に対する忠誠心とか帰属意識がなくなる。人によっては転職を考え

図表1-2　タテの壁、ヨコの壁

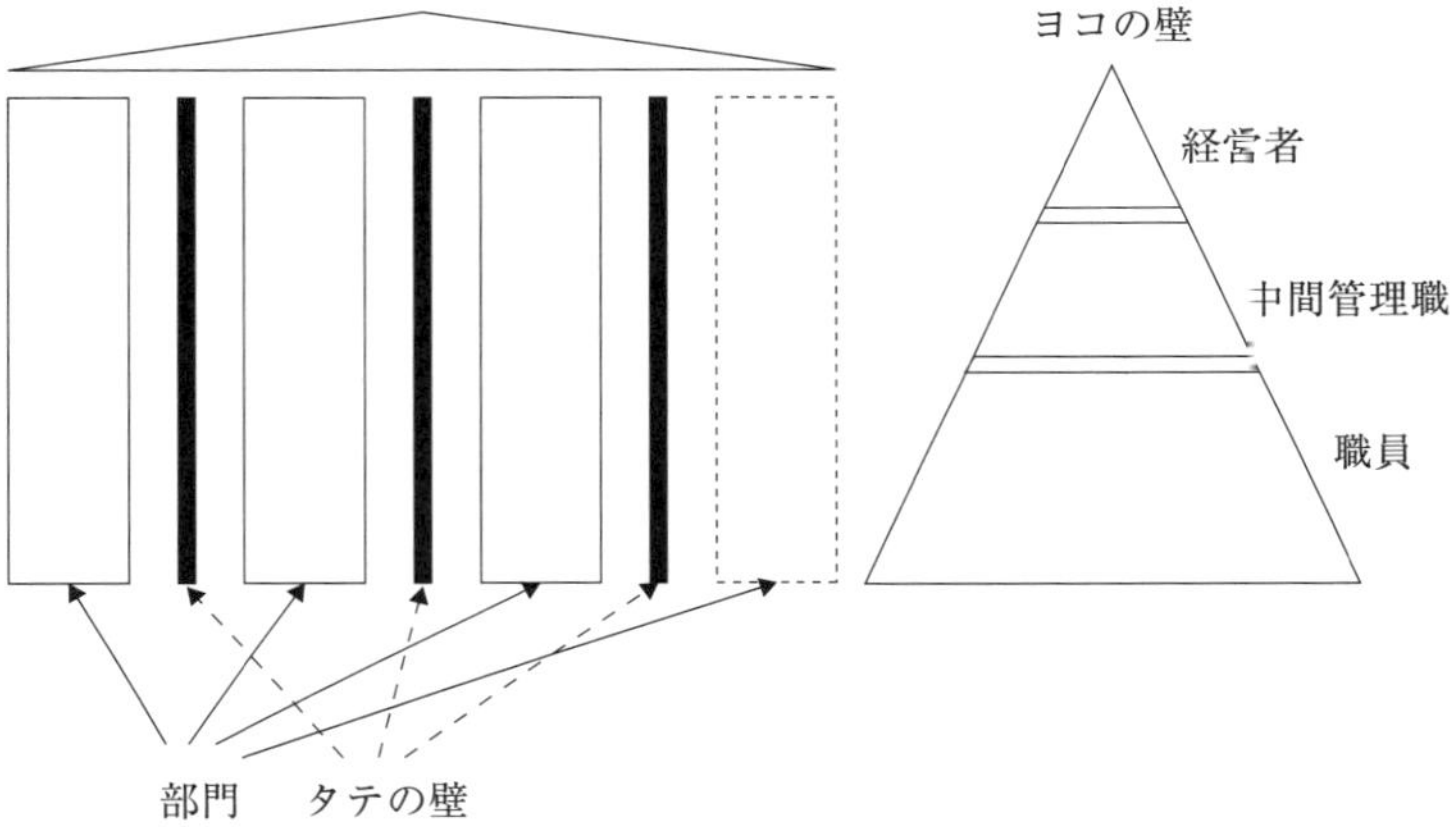

るであろう。転職を考えるような人は概して能力のある人が多く、優秀な人材を失えば、悪くすると、二軍の集団になる恐れがある。当然社員の士気は落ち、会社の業績は下降する結果になりかねない。加えてその現象は悪循環する恐れがある。壁の存在はヨコであってもタテであっても会社にとって好ましくない。

当然タテ・ヨコの壁をなくそうという動きは出るであろうが、この壁は想像以上に厚い。壁の問題をいかにして解決するかは企業にとって深刻な問題になる。

ヨコの壁をなくすにはトップが考え方を変える必要がある。パナソニックを創業した松下幸之助氏は自分が学歴がなかったので、大学出身の優秀な人材を採用し、その意見を尊重したといわれている。松下氏は旧松下電器の創業者であるから、当然近づき難い雰囲気があったと考えられるが、おそらく松下氏の方から部下に近づいていったのであろう。
人の集団のコントロールにはなかなか決め手がないが、壁を破る場をつくる工夫をする必要がある。

壁のブレークスルー

クロス・ファンクショナル

日産自動車の社長であるカルロス・ゴーン氏は着任後、日産自動車の最大の欠陥は部門間に厚い壁があり、情報の共有ができていないことにあると見抜いた。日産自動車は有名大学の優秀な卒業生を社員として抱えているにもかかわらず、その人材を活用していない状態を打破しなければならないと考えた。各部門から選抜した人間で部門横断的なクロス・ファンクショナルな組織をつくった。

どんな会社でも共通する欠陥は、部門間に情報を共有するというより、情報を独占したいというエゴの存在である。会社全体の利益より、部門の利益を優先するというエゴである。極端な場合は各部門で同じような研究や仕事を計画しており、組織として資本や人材の集中投資ができないことである。会社の新しい企画を短期間で成功させるには社内の持っている力を一つに集中する必要があることは図表1－1の例で示した通りである。力は分散しては効果が少なく、集中してはじめて所期の効果が期待できる。

日産自動車の例では、クロス・ファンクショナルな組織によって新車の開発期間が驚異的に短縮されたといわれている。開発にあたり、必要な部署および外注先などから必要な人員が参加して意見を交わしながら目的の達成に向かって進むので生産性が高いと報告されている。

場の効用

社内の壁をブレーク・スルーするには場をつくると効果的である。場は物理的なものと心理的なものがある。物理的な場は目で見えるから理解しやすいが、心理的な場は目に見えないので理解が難しい。

例えば社内の意見交換の場を考えてみると会議がある。会議ではないが、一番重要な会社の方針決定の場は取締役会である。取締役会は会社法に定められた会社の最高意思決定の場である。当然、取締役並びに監査役が出席して役員間のタテ・ヨコの意思疎通をはかり、意見を交換し情報を共有するものである。取締役会は場合によると社長の独演会になり、役員間であまり意見の出ない会社がある。会社の重要案件を審議し決定するわけだから活性化することが重要である。にもかかわらず現状は社長の独演会に終始するケースが多いようである。次に会社の経営者に部長などの幹部が出席する経営会議がある。会社の中堅幹部が出席するため重要な意見交換、会社の方針確認の場になる。取締役会と比較して経営会議は出席人数が多いため場の運営を上手にしなければ、時間がかかる割に所期の成果があがらない傾向がある。

通常の会議は、議題により、定期的あるいは随時開催される。会議は関連するメンバーで行われるが、共通のテーマで行われるからタテ・ヨコの情報の共有の場になる。反対に部門間におけるエゴのぶつかり合いになれば、情報の共有どころでなく反発の場になりかねない。

会議のコスト

全国から集まる場である会議の場合は、よほど気をつけなければ、会して議せず、議して決せずになる可能性がある。議して決せなければ意見交換の意味はない。その間に消費した時間とコスト、使ったエネルギーを考えると悩ましい。会議という場はよほど議長がしっかり運営しなければ無駄な場になる可能性が高い。

会議を一日行うと、かりに午前は張り切っていても、午後は疲れが出てくることもあるから重要な議題は午前に扱った方が合理的である。人が緊張を保てる時間はそれほど長くなく、経験から考えても二時間程度が限度である。欧米では二時間くらいで一度コーヒー・ブレイクを入れるのが慣行のようだ。このブレイクは三〇分位とるケースが多い。あまり短くても疲れはとれないし、長すぎるとだれてしまう恐れがある。三〇分位が妥当なところであろう。

会議では全員の発言や意見が望ましいが、時間が限られているため発言時間は限定される。従ってあらかじめ議題と論点を整理して、事前に配布しておくと効率的である。緊急の会議だと、事前に配布するのに困難な場合がある。そのためには当日論点を簡潔に整理して短時間で論点が理解できるようにすべきである。

ウエ・シタの場の活用

上下の場をつくり活用するには、トップが自ら報告を聞くだけでなく現場に足を運び現場の社員と接触する場を多く設ける必要がある。

経営の神様とも称される松下幸之助氏の場合は現場を重視したことで有名である。彼は現場へ行くと最前線である倉庫を必ず視察したそうだ。倉庫では倉庫内を視察し、商品の動きをつかんだという。倉庫の中には在庫が積まれているが、動かない山、動きの鈍い山について質問し、自社の製品の真の動きを把握し市場の動向を知り、対策を講じたといわれる。こうした状態は現場に行かなければ発見できないし、現場の社員の説明や報告を直接聞くことで実態がよく分かる。

経営には三現主義が必要という。三現とは、現場、現実、現物のことである。現場の社員との交流の場は真実を知るために重要である。そこでは紙に書かれた報告とは違った事実が発見できる。会社の真の姿を知ることは重要であるが、紙に書かれた月次の報告は事実と違うことがある。その違いは現場に行き、現場を見て、現場の社員と交流する場を持って初めて発見できる場合が多いと考えられる。製品の劣化や市場における評判などは月次の報告には現れない。決算の際、評価減などで表面に現れるが、それでは対策がタイムリーに行われない。いくら良い施策でもタイミングを失っては効果が減殺される。実態を早くつかむことがポイントになる。松下氏は若い時から事業を立ち上げたことから、どこで問題点を把握したら良いかがよく分かっていたのであろう。確かに在庫の動きは実態を反映しているので大切である。

次に松下氏の有名な経営哲学は「掃除」である。彼は掃除を大変重視した。現場の工場の中が汚れていないか、工場内の通路が材料や製品で塞がれていないか、倉庫の中の在庫は整然と積まれているかがチェックされた。掃除哲学は単に物の場面だけでなく、例えば、帳簿の整理にも波及している。売掛金が約定のとおり入金しているか、遅れているものがあれば、その理由は先方の資金繰りなのか、返品や値引きの要請なのか、とにかく売掛金が綺麗に入金しているかで営業の状態が分かる。つまり勘定残高が掃除されていなければ、何か問題があるわけである。

経営者としては上下にある壁をブレークスルーする場、各社で考え方は違うであろうが、その会社に適した場を持つことが必要である。

共通テーマによる横断的な場

会社の経営には年中解決すべき問題が発生する。問題の中には単一の部門だけでは解決できないものがあり、全社的な対応が必要になる。この解決には部門間にある厚い壁が障害になる。あたかも相撲部屋のように部門の独立意識が高ければ高いほど全社で対応すべき問題の解決は対処が難しい。

各部門から選抜した人材でチームをつくれば、各部門の利害が調整され、その上で各部門の持つナレッジが活用される。例えばある新製品を出す場合に、市場に出ている他社品の特色を徹底的に分析するには、マーケットの情報に強い営業部や広告宣伝の部署のスタッフの意見が貴重である。次にマーケットの意見を入れ設計するには、設計部門の協力が必要である。設計した製品の試作にあたっては、製造部門や資材、部品の調達部門の意見が必要になる。その上、外部の部品メーカーの意見が重要である。

性能とデザインについては、営業と実際に販売にあたる販売店の意見が重要である。販売店はライバル商品の市場における評判を知っているから疎外できない。新製品の開発にあたり、購入者である消費者の反応を知ることは基本になる。直接消費者の意見を聞くにしても販売店や営業部には過年度の消費者の意見、反応が明示されずに各人の心の中に暗黙の段階であれ、必ず蓄積されている。消費者は神様だといわれるが、その神様の意見を十分吟味して、それらの意見を製品に反映させる必要がある。場合によってはデザインや性能を変更することも大切になる。衣類やファッション関係では流行の動向を見ることは重要ファクターになる。

このようにいろいろな部門の意見、時には外部の意見も聞く必要があるから、意見を別々に聞くより部門や外部をまとめた一つのチームをつくって対処する方が効率的になる。そのためには従来の縦割りの発想を変えて横断的なチームをつくり対処する方が生産的である。このようなチームがヨコの場を形成するのである。

場の広がり

場にはいろいろな場がある。場の形成は同じ会社の中だけでなく外部の組織と共同でつくる場がある。例えば国が中心になり新しい技術を開発するとき、関連する企業から技術者に出向してもらい開発チームを組成するケースなどが典型的である。この場合は個々の企業の枠を越えた場が形成される。従来ライバルであった企業が協力して場をつくれば成果が期待できる。

国際的にも拡大された場の形成が可能である。かつて日本ナレッジ・マネジメント学会でヨーロッパを視察した折り、ドイツのシュツットガルトでメルセデス・ベンツの本社を訪問した。丁度メルセデスはアメリカのクライスラーと合併した時であったため、合併の成果をいかにしてあげるか質問した。答えたのは同社の副社長であった。合併は巨大な部門ができたのと同じだから非常に興味があった。副社長の説明は二社間に話し合いや融合をはかるための場をつくったということであった。その場はユニバーシティで課長以上の人は社長を含め全員その学校に入学し生徒になったと説明された。校長には外部の人を招聘したとのことであった。メルセデスは製造部門が強いことから製造部門でイニシアティブを取り、クライスラーは販売部門でイニシアティブを取ったということであった。言葉と文化の違いの差が大きく、お互いに乗り越えられない壁が残り、後日合併は成功せずに分解した。それにしてもユニバーシティという場は実際には物理的な学校ではなく衛星中継を使った抽象的な場の形成という点が印象的であった。場にはいろいろな形態があるが、メルセデスとクライスラーは一つの興味深い例である。

東京の蒲田地区の中小企業が集まり飛行機の開発に成功した例が報告されている。これらの中小企業は部品の製造に関しては高い技術力を持っている。極端にいえば、大企業は部品メーカーの製造した部品をアセンブリして最終製品に仕上げていく能力を持っている企業といえよう。大切なことは大企業と部品メーカーが一つの場で協力すべきで、現代は部品の調達が国際的になっているから国際間に広がった場が必要になる。

最近発行された本で『下町ロケット』という書籍がある。高い技術と品質を持った中小企業とその部品を使った大企業がロケットを飛ばす物語であるが、ロケットをつくる協力の場と気持ちの通い合いの場が生き生きと描かれている。

場の展開

場は時空を越えて形成可能である。例えば、われわれは聖書を通じてキリストと同じ場で知の交流できる。仏教典を通じて釈尊と同じ場を持つことができる。キリストや釈尊との交流の場があることは重要なことである。宗教については同じ教えについていろいろな解釈が派生している。原点に返ることが重要な場合がある。時空を越えて共通な場を持つ意義は大きい。

物の考え方は宗教でなくても中国の孔子の論語の教えの影響力は絶大である。論語の解説書は多数見ることができるが、原典を読み、孔子と同じ場で考えることは重要である。解説書は解説する人の立場、人生観に影響を受ける。もちろん解説書を読むことは大切だが、原典を読み孔子と同じ場で物を考えることが重要なのである。

また友人が多ければ多いほど場の数は増える。友人と場のつながりのある人とない人を比較すると、多くの場を持つ人の方が問題解決のきっかけをつかむ可能性が増える。人間は一人で考えるより、相手があり、話しているうちに自ら解決法が見つかる場合が多い。相手の意見と話しに刺激を受けて解決する場合もあるが、他者と話しているうちに自分の考えがまとまるケースが多いようである。話しているうちに自分が分かってくる、あるいは自分の欲していることがはっきり認識できるケースが多いように思われる。

話合いのできる場を多数持つことは、その人の人生にとって財産といえよう。会社も同じで会社の内外に多数の場を持っていると、抱えている問題解決の糸口を見つける可能性が高い。例えば、社外の人達と研究会を持つ場合がある。同じ研究テーマでも発想が違い、アプローチの方法が違えば刺激を受け、考え方が変わる可能性がある。話し相手から多大のヒントを得る事ができるし、ヒントがあれば自分の考え方を整理できる。新しい製品の開発に際し自分の考えだけでは行き詰まる場合がよくある。こうしたときに研究会のメンバーの一言がヒントとなり、より考えを深化させるケースがある。他者の一言が脳を刺激し、新しいヒラメキにつながる。これは個人にとっても組織にとっても大きな収穫となる。

話し合いは、同じ考え、履歴の人達との場において必要である。一方で異業種の人達との交流の場は異なった発想の人達との交流であるから、一つのことにこだわらない自由な意見が飛び出す可能性もあり、異なる履歴の人たちの考えは、時によって大変な刺激を与える。

経営者同士の意見交換の場

企業における社長は孤独な存在である。何をするにしても最後は自分が決断しなければならない。社長には部下が大勢いるが部下の意見は聞くとしても最後の決断は自分で行うことになる。

孤独を解決するには第三者の存在が重要である。例えば、豊臣秀吉は側に竹中半兵衛を置き、重要な案件には彼の考えを参考にし決断した。頼りにしていた竹中半兵衛が逝去した後は、黒田官兵衛が相談役になった。官兵衛の功績は秀吉の天下取りに現れている。官兵衛の意見が優れていたため、秀吉は後に官兵衛を遠ざけたといわれている。かつては現在と違って寺の僧侶が博識で知識が広く、また歴史にも詳しいので殿様の相談役を務めていたらしい。相談役の存在は後の世でも見ることができる。有名な例では、明治時代の日露間で行われた日本海海戦で、時の連合艦隊司令長官であった東郷平八郎の参謀として作戦の立案にあたった秋山真之である。彼の献策を受けT字回頭により大勝利を勝ち取った。

この様にトップが決断する時それを助ける人がいると決断しやすい。企業の経営において会社の命運を左右するような大工場の建設や、海外に進出し投資を行う際などの重大な決断は一歩間違うと社運にかかわる。こうした時、似たような決断の経験を持っている経営者と交流できる場があれば、自分の考えをまとめやすい。普段から自由に意見を交換したり、経験を聞く場を持っていると、あらかじめケーススタディをしているようなものであるから決断の助けになる。昔から企業経営で躓くのは設備投資の失敗が原因といわれている。設備投資には何年間で投資資金を回収できるか、将来の景気の動向、新製品開発の動向など、将来に対する十分な情報の入手と分析が必要である。

二〇世紀のように早く設備投資をした方が有利な時代とは違い、技術革新が速くグローバルに激烈な競争が行われている現代の設備投資は慎重に、かつ決断したら速やかに投資を行いまた早やく投下資本の回収を行う必要がある。世の中の変化が速いため投資の回収は早いほうがベターである。経験を持った経営者と意見の交流ができる場を多数持つことは貴重な財産になる。

壁の対策としてのＩＡＣの応用

ＩＡＣはアイアックと読むが、もともとは Internal Audit and Consulting を簡略化したものである。日本語にすれば内部監査と誤解されがちであるが、アメリカで生まれたコンセプトで、日本の内部監査とは一味も二味も違っている。日本の内部監査はむしろ静的な色彩を持っているが、アイアックはダイナミックな性格を持っている。

内部監査は企業内部の内部統制や経営上、会計上の不具合を指摘する。これに対しアイアックは監査で発見された不具合に対し是正し、アドバイスし、積極的に企業経営に貢献する機能を持っている。アイアックの組織は社長に直結し、社長がいながらにして社内の実態について把握し、改善命令を素早く出す事にある。アイアックのメンバーは将来の会社を担うとみられている人材を登用するため人材養成の目的もある。スタッフは第一線の現場に行き、会社の真の実態を把握し、社長に報告する。社長直結の組織であるから、大きな権限を持つ。権力の増大を防ぐため任期は二年と限定されている。

アイアックの組織は上下にまたがる場を提供することを任務としている。会社のトップを含めた社内で会社の将来を担うような人材教育の場としても絶好の機会である。次世代を担う経営者の養成は簡単ではないが、アイアックはその仕事を通じて会社の長所、短所を把握し、改善策を立案することから会社の内外の事情に通じ、恰好の人材教育の場になるのである。企業や組織にとって人材の教育は疎かにできない。人材の養成に失敗すればその企業の将来は暗いと予想される。確固たる人材教育の方針を持つ事が肝要である。

西欧社会は個人主義の社会といわれるが、個人の発言や意見は尊重され、会議の場とか上司との話合いにおいても発言しない人は能力がないと見なされる。日本では沈黙は金といわれ、また目は口ほどに物をいい、というような社会であるから、静かな方が尊重される風土がある。上下のコミュニケーションが上手くいかないのは、一つには昔からある村社会の影響かもしれない。

古くから日本は村社会を形成しており、村長の発言は重く、村民は村長の命令に従わなければいわゆる村八分になり、生きていくことができなかった。その名残が今でも色濃く残っていて上からの話に反論しにくい雰囲気があると考えられる。

コミュニケーションは、自由な雰囲気で行わなければ意見の交流はできない。アイアックはこのような日本人の考えを打破し、実態を社長に報告できるところに特色がある。会社の実態がタイムリーに把握できれば、当然的確な対策を講じる事ができる。アイアックの組織は人間でいえば神経細胞と同じで、身体に起きているあらゆる情報が脳につながる。脳は今体の中で起きている不具合を知り、対策を指示し、大事にならないようにする。仮に神経細胞が正常でなく、例えば大出血などの情報が伝わらなければ命にかかわることになる。神経細胞同様、アイアックは大切な役割を果たすのである。

第2章

場のマネジメント
―朝日会計社のケース―

森田松太郎

企業の合併と壁

個人事務所の合併

太平洋戦争の結果、日本は空襲により廃墟になった。船舶は全滅に近く、あらゆるものが破壊され、食料にも事欠く始末であった。また戦後はインフレに見舞われ、物資不足で無気力になるところに朝鮮戦争が勃発し、日本は復興のきっかけをつかんだ。

戦後一〇年を経た昭和三〇年頃からいわゆる成長期に入り日本は復興してきた。東海道新幹線が走り、東名高速道路が建設され、一見順調な経済であったが、昭和四〇年に入りそれまでの成長経済の疲れが出たのか、一部の大企業に経営上の欠陥が生じ、決算の粉飾を招いた。

例えば三光汽船、山陽特殊製鋼などが成績の不良を隠した粉飾決算を行い倒産に追い込まれた。これらの粉飾決算を原因とする大型倒産は当時の経済界に大変なショックを与えたのである。それまでの会計監査は公認会計士の個人事務所で実施してきたため大企業に力関係上、対応できなかったのではないか、欧米のように大規模な監査事務所をつくる必要があるとの声が大きくなった。当時世界には八大会計事務所がパートナーシップで存在していた。日本においてはパートナーシップは馴染みがないため監査法人制度をつくり、粉飾決算の防止がはかられた。

昭和四一年（一九六六年六月三〇日）に公認会計士法が改正され、日本に監査法人の制度が導入された。時の大蔵省の指導で若干の例外があったようだが資本金五〇億円以上の会社の監査は監査法人で行うようになった。わが国における監査法人の第一号は太田哲三監査法人であった。旧朝日会計社は尾澤修治会計事務所を中心に東京と関西地区の会計事務所が中心となり、出資金七三五〇万円の規模で出発した。東京に本部を置き大阪と京都に事務所を置いた。朝日会計社の規模は代表社員二四名、社員三名、職員の公認会計士五七名、会計士補三五名、その他三二名で合計一五一名であった。個人事務所に比べるとはるかに大きい事務所になったのである。代表社員と社員は株式会社でいえば役員に相当する。個人事務所のオーナーが代表社員になったため船頭が多く、法人の運営が上手くいくか懸念があった。

壁の解消への努力

法人が設立された時は、個人事務所の統合で寄り合い所帯のようであった。組織で解消が難しい壁、それも厚い壁が最初から存在している状態であった。設立当初はどこの法人も同じような状態であった。

公認会計士を志す者は、概して人に使われるのを好まず独立心の強い人である。事務所の運営は自分の考えで行ってきたわけだから、監査法人を設立によって容易に自己を殺して体制に従うには抵抗があるのは無理からぬところがあったのも事実である。個人事務所のオーナーは年配の人物が多く、当然独立心が旺盛であった。時代の流れで監査法人設立に参加はしたが、頭の中は個人事務所時代の考えが残っていた。設立当初は従来の個人事務所の体制を尊重し、各個人事務所ごとに部門をつくったが、早く一体化をはからなければならないと考えられていた。当然部門間には個人事務所を引き継ぎ、物理的な壁が存在していた。監査法人といっても実態は個人事務所が一カ所に集まったという状態であった。

これでは法人設立の趣旨に合わないため何とかして厚い壁を打破すべく若い社員（パートナー）を中心に議論を行った。当初は大蔵省が命令するから形をつくったという意識が強く、統一体として運営するのは困難であった。公認会計士第二次試験に合格した者は当時会計士補と呼ばれていた。会計士補の採用は各部門のオーナーがそれぞれのつながりで採用可能なため、採用した新人の教育についても各部門バラバラに行う状況であった。社員会に一体化の提案をしても、表面賛成するが腹の中では消極的で、あった壁を残しておきたいのが本音であった。

法人の一体化の実現には多大のエネルギーと時間が必要と考えられていた。組織の中に多数の部門があれば、どのような組織でも面従腹背の問題がある。組織のリーダーのリーダーシップが必要で、リーダーに問題を解決する強い信念がなければ、いくら時間をかけても達成できないと考えられていた。

考えてみるとそれまで一匹狼として自らの判断と責任において仕事をしてきた人物が、自分の考えと必ずしも同じでない人達の意見で統一的に仕事を行うことは至難であった。特に公認会計士として長い経験を持っている人達にとって、自分と違う考え方に従うのは耐えられない苦痛だったと考えられる。

場をつくる

監査法人における社員会は、会社における取締役会と同じで、法人における意思決定機関である。何をするにも重要な事項や内部の規則で定めている事柄については、社員会で決議する必要がある。社員にとって今まで経験したことのない事柄の連続で、大変窮屈に感じられるのが実情であった。

まず、何を実施するにしても社員会で統一した決定が必要であった。監査法人として統一体として第一に重要なのは監査の品質と考えられた。法人として提出する監査報告書の監査意見を支える監査の品質が悪ければ、極端にいえば粉飾決算を見破れずに適正意見を表明し、仮に監査した会社が粉飾決算で倒産したり問題を起こしたとしたら、監査法人に大きな責任が生じると考えられた。監査報告書の適正意見を信じて株式を購入したり、取り引きを行っていた人々は会社倒産や粉飾決算の結果、大きな損害を受けるわけだ。監査法人は監査の結果作成する監査報告書に仮に適正として意見を表明したとすれば、その意見に対し責任を負わなければならない。

例えば、カネボウは粉飾決算の結果倒産したが、監査報告書は適正で発行されていた。法人の監査か審査に問題があったのであろう。とにかく、朝日会計社としては監査品質の統一と品質の向上が緊急の課題として社員会で決議された。その決議に基づき監査手続きの統一をはかった。各部門から若い公認会計士を選んで監査手続き統一の場（委員会）をまず設定した。

この場に参加した会計士はそれぞれの個人事務所時代の監査手続きに慣れているため、自分たちの手続きがベストである主張するのは当然であった。無理からぬことであったため、従来の手続きを離れて、理想的な手続きは何かを模索することにした。参考になる手続きは日本にはなく、長い歴史と経験に裏打ちされた外国の八大会計事務所（ビック・エイト）の手続が最も参考となった。ビック・エイトの手続きは会計事務所の試行錯誤の歴史を示すように、膨大で一朝一石で取り入れられるようなものではないと気づいた。それでは、とビック・エイトの監査手続を参考にして実行可能な朝日版手続きをつくることにした。手続き規程の委員会を設定したことにより、委員の勤勉さで大きな成果をあげた。

まず手始めにそれまで部門ごとに異なった監査調書の様式を統一することにした。どの部門でもあるいは地方の事務所でも同じ様式の用紙を使用することにした効果は絶大で、たかが用紙の統一であるが、馬鹿にできない効果をみせた。

軍隊においても同じ制服を着用し、統一された階級章を着用することによって一体感が醸成される。仮に小隊ごととか大隊ごとに制服が違っていたり、個人ごとにバラバラの服装をしていたら果たして一体感は醸成されるであろうか。軍団として一体感が欠ければ、戦争では上手くいかないであろう。統一された制服は意識を統一するための一つの場といえるかも知れない。

全社一体化への場

監査手続き統一の場

用紙の統一の次は監査手続きの統一に取りかかった。手続きの統一について社員会の決議を経て、委員会を立ちあげ素案づくりを始めた。法人内の意見を統一するには各部門の理解を得るための場が必要と考え設置した委員会であった。委員には各部門から若い人達を選出した。若手は法人へ参加してからの時間が短く、個人事務所の時代の経験が少ないため、新しいことに意欲的と考えたからである。

監査法人の発足時は、いわば暗中模索の時期であったから、委員会のメンバーはチャレンジ精神が旺盛で、意欲的に統一監査手続きの作成に取り組んだ。若い力は大変なもので、監査の実務の中の空いた時間や仕事から帰ってきて残業に近い時間帯を利用して精力的に作業をこなした。委員会で手続きを作成することには思わぬ副次的効果があがった。監査法人を設立した当初は当然ながらお互いに初対面のため一体化には時間がかかると考えられていたが、委員会発足に伴い、メンバー同士には同じ目的で作業することから連帯感が生じ、一体化に良い影響を与えたのである。個人事務所の集合体であった法人を一体化する難しい問題に対して、横に横断した形の委員会は一つの有力な解決策となった。法人内にある問題を解決するには部門間の壁をブレークスルーする場が決め手となることが分かったのである。

次の問題は、いかにしてこの統一手続きを全社的に適用するかであった。公認会計士協会では現在も使われている会計手帳が作成されていた。委員会でこの会計手帳にはさめるサイズの簡略化された会計手続書を作成し全員に配布した。監査にあたり必要な手続きや、調書の作成にあたり簡略化した手続き書は大いに役に立った。

監査手続きの理解に関しては、全社的に繰り返し社内研修を開催して普及をはかった。また新人の入社に際しても、手続き書を使って研修を行い実務にすぐ使えるようにした。全国の社員やスタッフが同じ手続きで監査を行い調書を作成することは、法人にとって最低限実施すべき重要な事項であった。

監査の結果作成される監査調書は、後日仮に訴訟された場合の重要な証拠となる。証拠価値を考慮すると客観性が必須のため事後に改ざんできないような配慮が必要であった。

調書の作成については専門家の話を聞き手続きに加えることにした。検事出身の弁護士に調書作成上の注意点を習った。裁判にあたっては裁判官は書類で判断するので、特に調書記載、保管は重要と指摘された。ポイントは事後の改ざんができない工夫が必要とされた。そのためには調書は後で用紙が差し替えられないように連続番号を打ち、かつ、綴り込にするのが良いとのアドバイスを受けた。調書の記入はインキとペンが一番よいとのことであったが、実務上鉛筆を使うケースが多いため他の対策を考えることにした。インキは時間の経過とともに酸化するので、後日の改ざんは難しいので一番証拠価値が高いとのことであった。その点鉛筆は消しゴムを使って改ざんできるので好ましくないとの指摘を受けた。インキの使用は無理としても、鉛筆書きで改ざんを防ぐためにキチンと調書を製本して、後日抜き取って改ざんできなくした。

問題を統一する場

監査法人化に際し、難しい問題は全国的に均質なレベルを確保することであった。例えば東京や大阪の事務所がどれほど良い品質の仕事をしても、他の地方の事務所のレベルが低ければ、法人全体の品質の評価は低くなるわけである。当時の朝日会計社としてまず考えたことは、全国に展開した事務所を設置することであった。単独で事務所を展開するより地方の有力法人と組むか、あるいは合併を実現する方が効率的で、また地方の独立法人にとっても規模の拡大は監査品質を確保する上で必要になると考えた。

朝日会計社は地方の有力法人との間に監査品質向上の勉強会の組織をつくることを地方の有力法人に呼びかけた。その組織はエース・アソシエーションの名称のもとで全国の有力法人の賛同を受けた。最初に名古屋の伊東監査法人の伊東会計士の所に訪問し、エース・アソシエーションの構想を伝えたところ大いに賛成され意を強くした。残念なのはその後、日ならずして伊東氏が逝去されたことである。伊東氏の意思を引き継ぎ全国の有力監査法人を訪問し、日本の監査水準を上げるためにエース・アソシエーション立ち上げの必要性を話し合った。賛同を受けた法人は名古屋の伊東監査法人、名古屋第一監査法人、札幌中央監査法人、横浜関内監査法人、監査法人福岡センター事務所であった。

エース・アソシエーションでは朝日会計社で作成した調書の様式や監査手続きをお互いに研究したが、後日その方式を採用することになった。朝日会計社の得意先が次第にグローバルに展開してきたのに伴い法人も世界レベルの仕事をしなければならなくなった。後日すでに合併していた広島の石光監査法人に加え、エース・アソシエーションのメンバーと合併し、全国レベルの法人になった。この時エース・アソシエーションという研究の場は、この場を通じて同士のような感じになっており、合併に関し違和感がなく、また監査調書や監査手続きに関しても十分な馴染みがあったため、合併後もスムースに運営ができた。

なによりもアソシエーションを通じて人的交流があり、お互いに信頼感が醸成されていたことが大きい。世の中にはいろいろなスタイルの合併があるが、お互いに信頼感なしに合併しても、違和感の解消は難しいと思われる。おそらく合併の失敗はお互いに尊重する気持ちがなく、一方が優越感を持ち他方を見下すことが不信感を生みだし、厚い壁をつくってしまうからと思われる。エース・アソシエーションという場の効用は強力であった。

人事の統一へ

監査の手続きを統一した後でも個人事務所の色彩は残り、部門間の壁の存在があったのは事実である。個人事務所の名残である親分子分のような関係が続いていた。真の一体化には親分子分というような関係は障害になるため、まず新人の採用は人事部で行い、従来行ってきた個々の部門での採用は中止した。部門で採用するとどうしてもその部門に帰属意識が生じ、統一的運用には障害となると考えたからである。

各部門から必要人数を申告し、人事部で採用試験を行い必要人員の確保を行い、それぞれの部門に配属することにした。新しく採用されたスタッフは法人として採用されたという意識であるから個人事務所の集合体から一歩抜き出ることとなった。この頃になると全体に個人事務所の意識が次第に薄れ、法人という感覚が優先的になったと思われる。採用されたスタッフも同期という意識と、ヨコの連帯感ができて同期生という場が意識されるようになったのは収穫であった。

法人で採用したという意識が醸成されるに伴い、人事異動が容易になったと判断し、定期的な人事異動を行うようにした。当時は会計士補入社後三年経過で第三次試験を受け合格して公認会計士になっていた。公認会計士になった時点で必ず部門移動を行うことにしたわけである。

複数の目で公平な判断を

次の移動は会計士になってから四年くらいの時期で、この時期はマネジャーになることからその時点で部門移動を行った。社員への昇格は四〇歳を目途にしていたため、三八歳位で最後の移動を行った。少なくても三度人事異動を行う方針が定着した時点で部門内の親分子分的な関係はなくなったのである。ここで一つの問題は、業種により会計の処理が異なることに対する対応についてであった。例えば、金融業と製造業やサービス業はそれぞれ特有の会計処理があるので、異動により業種に通暁している人材がいなくなる心配があったのは事実である。要するに業種に明るいベテランを養成するか、ゼネラリストを養成するかの方針の選択であった。

朝日会計社は、まず社内の融合を第一として、部門異動を優先させることにした。約四年ごとに部門移動を行うので会計士の適性がはっきりしてきた。また社員への昇格も、社内で少なくても三回部門移動を行うので三人の部門長の評価を得ることから能力が客観的に判断されるメリットがあった。一人の判断では身びいきがあるが、少なくとも三人の目に触れることで、より公平な人事が可能になったのである。また会計士にしても、部門移動で違った種類の仕事に接するチャンスがあり、自己の適性を知る良い機会になるわけである。人によって監査に適性を持っている人材、コンサルティングに適性を持っている人材、大会社に強い人材、中小法人に強い人材など適性が分かり、将来の人事が容易になった。結果法人の総合力が強化されることにつながった。

審査の場をつくる

監査法人は会社を監査し、その意見を表明することを主な業務とする法人である。監査法人の仕事の成果は監査報告書に凝縮される。従って監査の実務から監査意見の表明に係るプロセスに客観的な審査が必要になるのは当然である。

審査は第三者的な目で公平に行う必要がある。そのためには、審査の部門は実務を行う部門から独立して実施する必要がある。力関係で実務の部門が強ければ、審査部門の意見の客観性は保証されない。朝日会計社では審査部門を独立させるために、審査の部門長は外部から尊敬できる人材を招聘した。審査が適切に機能するには全社的なサポートと審査部門の権威が必要であった。

審査部門の設立後、最初の間は屋上屋を重ねるように理解され、また、自分達の仕事と意見に対し批判されているように見られ強い抵抗があった。部門の長は自分達の監査意見を批判されると考え、協力的とはいえなかったが、次第に監査を表明する際に第三者のレビューを受けることの重要性が理解されるようになっていった。

切磋琢磨の場

審査の場は、統一された考えが全社に浸透するための切磋琢磨の場になっていった。朝日会計社として念願の品質統一が実現できるステップとなった。

審査の結果、お互いの意見が違うとディスカッションになるが、このディスカッションはお互いの切磋琢磨に最適の場であった。もしこのような場がなければ、品質は早期に向上しなかったと考えられる。場においてはその場に属しているメンバーによる、忌憚のない意見の交換やディスカッションが重要である。こうした場の存在は意見交換の結果、現場の監査手続きの見直しなどで大きな力を発揮してきた。監査の結果作成される監査報告書の意見は個人の意見でなく、法人としての意見であるという事が認識されてきたのである。

岡目八目といわれるように、第三者が客観的な目で見ると、監査した当人が気づかなかった点が指摘される。当事者は自身は十分監査し吟味したとしても、客観的な判断が必要になる。当然、見解の違いについて討論されるがそのプロセスが物事を理解するための良い訓練の場になったのは事実である。

新和監査法人との合併

朝日会計社はより良いサービスの提供を目指して、新和監査法人と合意が成立し、合併を決めた。その結果、人数は約七七〇人に拡大したが、その後アーサー・ヤングの日本事務所と統合し、人員は一〇〇〇人を超え、日本で初めて一〇〇〇名を超す監査法人の設立となった。

アーサー・ヤングとの統合を期に監査手続きを統一して国際水準を目指す事になった。国際的に見ると日本の監査水準は低く、欧米の監査手続きを導入しなければ、例えばニューヨーク証券取引所などには通用しなかった。朝日会計社がアーサー・ヤングの監査手続きを導入することで海外へ提出する監査報告書の作成の際、二重の手続きの排除が可能になり効率化が実現できた。また、そのプロセスを共同で行うことにより国際レベルの監査に習熟するチャンスとなった。

日本式の財務諸表を英文に翻訳しても、基になる日本の監査水準が欧米のレベルに達していないため作成する財務諸表が国際的には認められなかったのである。日本式の財務諸表を欧米式に組み替えた内容を注記したが、欧米の大事務所の監査報告書が添付されていなければ、残念ながら世界的に通用しなかった。従って海外向けの財務諸表の為にビック・エイトの監査が求められ、朝日会計社から見ると二重監査であったのである。

合併の効果

新和との合併に際し、物理的に同じ建物に入らなければ合併の実があがらないと考えた。当時新和は東京駅の八重洲口のビル、朝日は丸の内のビルに入っていた。当初丸の内にビルを探したが当時は外資優先で日本企業に広いスペースは提供して貰えなかったのである。ビルを探している中で飯田橋駅前に日本生命がビルを建てると聞き行ってみたところ、駅前で便利が良く、八階建てで使い勝手が良いと思われた。初めは二階から八階まで借りたが後に全階借り上げた。早く同じビルに入り毎日のように意思の疎通をはかる場の確保が最重要と考えられたからである。

新しいビルに入居して最初に手がけたのは部門の編成替えであり、また人事異動の実施であった。人事異動の結果は大きく、旧法人のイメージを早い段階でなくす事ができた。

また毎日顔を合わせるので自然に統一が促進された。同じビルに働くので自然に交流の場が形成され、合併当初の異なったビルにいて話合いがスムースにできなかった不都合が解消されたのは大きかった。

新和と朝日の合併は考え方については同じ方向を目指していたが、違った環境で育った人と結婚するのと似てお互いに相手を真に理解するには時間が必要であった。新和と朝日では企業文化が違っていた。新和はあらゆる事に規則を整然と整理することに優れていた。一方の朝日は成長が早かったので規則の整備が追いつかないところがあったのである。新法人は新和の経験を生かし規則を整備し、組織としての整然とした運営ができるようになり、合併によりお互いに相手の長所を学習することのもたらすメリットが認識できた。

朝日監査法人になってから

朝日新和会計社は国際組織であるアーサー・ヤングがアーンスト・ウイニーと合併したため、

提携先はアーンスト・ヤングに替わった。その結果、日本にはアーンスト・ウイニーと提携していた太田昭和監査法人と朝日新和が並列状態になり、不都合が生じた。その解決策を模索していたが、朝日新和はアーンスト・ヤング・インターナショナルを脱退し、新たにアーサー・アンダーセンのワールドワイド・オーガニゼーションのメンバーに加わり、その日本組織であった井上斉藤英和監査法人と合併し、新たに朝日監査法人として発足した。

朝日新和会計社は合併に対する経験が豊富にあったので、アンダーセンとはあらかじめ話合い、合併の実をあげるため飯田橋に集結し、新たに部門を見直し再編成した。数度の経験上、組織の中に壁ができないよう人事の交流をはかったのである。アンダーセンのスタッフと従来からの朝日のスタッフを理想的な配分を行い各部門の力が平均するように配慮したのである。また合併を機に従来の本部理事会議長が法人を代表していたが、外部からは分かり難いとの批判があったことを受け理事長制度を導入し、法人の理念や方針をより明確に法人の内外に示すようにした。さらに従来朝日新和が採用していたアーサー・ヤング式の監査手続きを改め、全面的にアンダーセン方式に一新し両社の間の監査手続きを統一し、意思の交流が円滑に行われるようにした。人員も二〇〇〇人を超え、これで世界に通用する法人になったと実感することとなったのである。

アンダーセンはアドバイザリーやビジネス・コンサルティングに長じ、また新しいテクノロジーの開発に熱心でわれわれもコンサルティングの仕事に目を開かれた。これはアンダーセンの組織の一員になったメリットであった。

アンダーセンとセント・チャールス

アンダーセン方式への切り替えは法人の品質向上に大いに貢献した。アンダーセンは実務にも強い事務所であったが学究面でも力をいれ、特にシカゴ郊外のセント・チャールスに八万坪におよぶ敷地に約一六〇〇名宿泊可能な施設を持ち全世界のスタッフがセント・チャールスで研修を受け品質の向上、新しいテクノロジーへの対応を行っていた。研修にかける費用は売上高の六～七％といわれていた。セント・チャールスの研修センターは全世界のパートナーや職員の研修の場であったので、研修を同時に受けた者の間に仲間意識が醸成された。世界中にまたがった同じ研修を受けた記憶は世界中を横断する場となり意見の交換、新規の事業へのアプローチに効果をあげた。また、セント・チャールスという言葉は一種独特の響きを持ち共通の経験と同志としての意思疎通の場を形成する効果があった。

新発足を機に上下にあるコミュニケーション・ギャップをなくす事を目的に定年制を取り入れることにした。定年制は自由業から見ていかがなものかという意見もあったが、欧米の現状はアーリー・リタイヤメントなどでパートナーの年齢が若返っている現状もあり組織活性化をはかるために踏切った。当初段階的に定年制に移行するため最初の定年を七〇歳として七〇歳以上のパートナーには全員リタイヤすることとした。さまざまな抵抗があったが、その後毎年一年づつ定年の歳を下げる事にした。現在は定年制は極自然に受け止められているが、当時は自由業に定年はないという年配者の抵抗には大きなものがあったのも事実である。

定年制の導入で個人事務所時代の名残はなくなり法人としての運営ができるようになった。また若手のモラルも向上し、上と下のコミュニケーションも円滑にできるようになったのは収穫であった。その結果、下からみて上に被さっていた重しがとれ、昇進の機会が増えたことにより活気が生まれた。

新しく発足した法人

朝日監査法人は何回も合併を繰り返し、その都度異なった文化と仕事のやり方を持った事務所と統合を繰り返したので、相互のコミュニケーションをはかることが合併を成功させる秘訣であると認識していた。

アーサー・アンダーセンの日本代表であった井上斉藤英和監査法人との合併にあたっても従来の経験を生かし、人事を交流し一体化の実をあげた。当時アンダーセンは世界一の規模を持ちすべてに於いてレベルが高く学ぶところが多かった。監査の実務は百日の長を感じたアンダーセン式を採り入れ、また秘書の使い方も従来の日本式とは異なり、秘書の仕事はいかにしてパートナーの仕事を積極的にバックアップするかに重点が置かれていた。

かっての日本の軍隊は戦う前線の兵力に力をいれ、前線の兵士が十分に戦うためのバックアップが抜けていた。バックアップの能力が欠けていると前線は十分な働きができない。日本の軍隊は補給を重視せず物資は現地調達という安易な体制であったから、前線の部隊は物資の補給が十分でなく所期の活躍ができなかった。これ反して米軍は補給を重視しており、ビジネスに於いてもこの考えは生きている。

人の効率アップ

アンダーセンの考えでは、給料の高いパートナーは質の高い仕事を実行し、簡単な仕事や仕事の準備は可能な限りバックオフィスが担当してパートナーに十分活躍してもらうという思想が支配的であった。大変合理的な考えである。

事務所にしても一人ひとりに机を配置しても、外出の間が無人になっているのは無駄という考えが支配的であった。誰もいない空間に賃借料を払うのは合理的でなく、特にメールで必要な連絡ができるので部屋は最低限のスペースがあれば良いとの考えが支配的であった。一方社員と職員、職員同士の話し合いの場を考えると朝日監査法人としては直ぐには踏み切れなかった。

朝日監査法人にアンダーセンの考え方を積極的に導入することにした結果、パートナーの意識が変わり、グローバルのレベルに近づいた実感があった。アンダーセンは新しい事に挑戦する社風があり、現状に満足せず次の時代の会計を模索するところがあり、良い刺激を受けた。プロアクティブという言葉の意味を実感した。朝日監査法人の社員でアメリカの会計士の資格をとりスタンフォード大学のMBAをとった者がおり彼の卒業の際スタンフォードを訪問、主任教授と意見を交換した。教授は自分のところの卒業生はアンダーセンに就職させたいと話すので理由を尋ねたところ、研修の充実と新しい事にチャレンジする社風だ良いとの事であった。その頃のアメリカにおける会計専攻の大学で一番評価の良かった就職先はアンダーセンであったと聞いた。その理由は入社後の研修制度の充実と活力のある社風とのことであった。活力のある組織には官僚的な壁がない傾向がある。

アメリカにおいては大統領に気軽に会うことができるのには驚いた。日本で時の総理大臣に会うには厚い壁があり容易でないことと比較して、アメリカには自由な空気があると感じられた。一方アメリカでも日本の壁とは違うが、蛸壺に入るという現象があるらしく、前述のような自由の国でも人間社会には似たような事情があるらしい。

経験から得た教訓

壁解消の処方箋

朝日会計社において壁解消の施策として学んだ事は、全社の融合をはかるための場の活用である。組織の中で壁の存在が不可避とすれば、壁の存在を前提にして知識共有をはかるには壁にヨコ串をさすことが重要である。

経験上ヨコ串として場の設定とその活用が有効である事が実証されている。大切なのは時の経過とともに当初考えた場が次第に陳腐化しないかを絶えずチェックし、時の経過に伴う変化に合わせる必要があることだ。何事でも最初は有効に働いても時の経過とともに変化についていけず当初の目的と遊離してくる傾向がある。時が経過すれば担当する人が変わり、組織の事情も変化する。時の変化を無視していれば、せっかく有効に働いていた機能も陳腐化し硬直化するのは避けられない。官僚機構でいわれるように硬直化すれば、当初有効であった機能が障害になることが考えられる。組織は時の経過とともに成長し大規模化したり新しい部署ができたりして世の中の変化に対処しようとする。つまり新しい壁が発生する結果を招く。

世の中には当初想定した以上のことが発生する可能性がある。第一次世界大戦、第二次世界大戦を考えても当初考えていた以上の規模に拡大し、人類は大変な被害にあった。その後の世界も安定するのでなく、ハンチントン博士が喝破したように宗教、民族、種族、文化などの差が原因となり紛争が多発している。お互いの国の間にある壁を乗り越えられなかった結果であろう。勢力争いは単に人間や動物の世界だけでなく植物の世界にも見られる。外来種の侵入が在来種を駆逐したり、山火事の後の樹木の林相の変化などはまさに弱肉強食の感がある。生命を持った者の宿命であろうか。

トップの意思決定

あらゆる場面で問題を解決するには、トップの持つ強い意志とリーダーシップが必要である。意思決定のできないトップがいてはどんなに場をつくり、良い案が策定されてもいたずらに時間を食うばかりで烏合の衆になりかねない。組織におけるトップの重みは戦争において発揮される。敵に関する情報をできるだけ早く入手しそれを分析して敵の意図を探り、当方の効果的な作戦を立案しなければならない。情報の分析により複数の作戦案が提出されるであろうが決断するのはトップである。

神戸大学（現・甲南大学特任教授）の加護野教授はトップの決断は気合だといわれているが、確かに複数の案が提出されていれば、決定するのは気合であろう。無分別に気合だといって決定するのは最悪で、やはり決断するにはその人の全人生の経験からくる理念が裏打ちにならなければ大変危険である。

戦争の場合の決断は時間がなく瞬間に行う必要がある。歴史上では織田信長が朝倉と浅井の両軍団に挟み打ちされた時の決断はそれこそ気合いであろうが、そこには信長のそれまでの人生経験から来た理念があったと思われる。もし信長の決断が遅れ信長が討ち死にしたとすれば、日本の歴史はいまと違ったものになっていた可能性がある。また信長の死にあたっての緊急時に豊臣秀吉が行った決断と実行のスピードは、事前に情報を知っていたかも知れないが、天王山にとって返したスピードはやはり歴史に残る気合いであったろう。太平洋戦争の終結にあたって下された昭和天皇の決断も素晴らしく、その決断によって今日の日本の繁栄がもたらされたものと考える。

いずれにしても緊急時において優柔不断は事態を悪化させ、部下の信頼を失う。一番大切なモラルを喪失する結果になる可能性がある。

継続して行う社内教育

アンダーセンの素晴らしさは恒久的な研修センターを持ち、全世界のレベル統一と新しい知識と技術の吸収に貪欲に挑戦している方針であった。一三年前にアメリカ・ヒューストンにあるＡＰＱＣ（アメリカン・プロダクティビティ・アンド・クオリティ・センター）の社長が教育の重要性を力説していた。当時は心に響いたとはいえなかったが、今日考えてみると教育研修の大切さが重く響く。

社会の変化が激しい今日、専門の知識は五年おき程度で陳腐化している。自動車の例をとってもガソリン車からハイブリット車が出現し、電気自動車や水素を燃料にした自動車が出現している。ガソリン車にしてもエンジンの制御はコンピュータ化し、以前の技術しか知識のない人には修理ができなくなっている。

教育研修は継続的に行う必要がある。企業会計原則には真実性の原則と継続性の原則がある。

企業会計の場合、何が真実かといえば絶対的な真実は何かということは難しいため、一つの原則を継続的に適用することで比較性を保ち、それが相対的に真実を表すとされている。全ての会社が同じ会計原則を採用し、かつ毎年継続的に適用していれば、他社との比較、また同じ会社についてその会社の暦年の比較が可能になる。

人間は忘れやすいから繰り返し教育訓練をしておくことでいざという時に役に立つ。繰り返し訓練すると体が覚え込み反応が早い。スポーツにおいては毎日の練習を休むとすぐ元に戻るといわれる。人間は頭も体も忘れやすくできているのであろう。

場のマネジメントのエッセンス

場のマネジメントは話合いの場をつくり、タテ・ヨコのコミュニケーションをはかり、伊丹氏の指摘のように単なる話合いの場をつくると同時に人間の感情の通い合いとしての場効用が重要である。朝日監査法人の場合は合併の繰り返しを行ったため、社内に閥ができ、タテの壁が形成されることを警戒した。そのために定期的に人事異動を行い合併後の人の融和をはかった。また新人の採用にあたって、特定の学校出身者に偏らず、学閥が形成されないように配慮した。

現在持っている組織の硬直化を防止するためにはさまざまな場の利用を考えると良いであろう。

参考文献

池井戸潤、二〇一〇『下町ロケット』小学館。

伊丹敬之、二〇一〇『場のマネジメント実践技術』東洋経済社。

「会社の寿命三〇年」『日経ビジネス』一九八三年九月号。

加護野忠男、二〇一〇『経営の精神』生産性出版。

ハンチントン、S．著、鈴木主税訳、一九九八『文明の衝突』集英社。

ペルツ、D.C.・F.M.アンドリュース著、兼子宙監訳、一九七一『創造の行動科学』ダイヤモンド社。

第3章

競争の「場」と経営の「場」

――経営者の暗黙知が二つの「場」をつなぐ――

大西幹弘

はじめに

「場」が経営学の分野で関心を集めるようになったのは比較的最近のことのようである。例えば日本経済新聞社の新聞・雑誌記事データサービス「日経テレコン21」で新聞・雑誌を含む「すべての媒体」を対象に、収録されている「全期間」について「「場」の概念」をキーワードとして検索すると、八件の記事が得られるが(二〇一一年一一月一四日現在)、その最も古いものは一九九七年一月一一日号の『週刊東洋経済』に掲載された「知」の創出に関する国際シンポジウムについてのものである。また最新の「場」の理論として本章で考察を加える『場の論理とマネジメント』(二〇〇五)の著者伊丹敬之氏の「場」に関する最初の著作の出版が一九九九年、そして清水博編著による『場と共創』の出版は二〇〇〇年のことであった。このように見ていくと、わが国で「場」の概念が注目されるようになったのは一九九〇年代後半からで、その出発点に野中郁次郎・竹内弘高両氏による『知識創造企業』(一九九五)の発表があることは間違いないものと考えられる。

本章では新しい知識の創出やイノベーション実現の母胎と考えられる「場」の概念について、これまでの議論を整理・要約した上で、三層構造を持つコンセプトとして展開する。また「場」が企業経営に意味を持つのは、それが企業業績に好ましい有意な効果を持つことによるとの見地から、企業業績と「場」との関連について検討を加える。この過程を通じて、「場」に方向性もしくは戦略性を付与する経営者の暗黙知の重要性が浮かび上がってくることになろう。この経営者の暗黙知とは、市場（競争の「場」）の特性を見抜く経営者の認知・洞察能力に他ならない。最後に二社の事例分析を通じて、「場」を好業績に結実させる経営者の暗黙知の死活的重要性に迫る。

経営の「場」とは何か

これまで経営学の分野で論じられてきた「場」とは、どのようなものであったのか。以下では従来の「場」に関するコンセプトを三層構造のモデルとして総括し、最上層に位置する「状況としての場」の内実について検討する。また「場」と企業業績の関連についても考察する。

「場」の三層構造

図表3－1は経営における「場」の構造の模式図である。最下層は「空間としての場」で、リアルな空間であれ、バーチャルな空間であれ、人々が交流しコミュニケーションを通じて知識を共有し、新たな認識やコンセプトを創出する物理的空間を意味する。本来、「場」とはこのような存在として理解されていたものと思われる。オフィスや工場、ロビーや喫茶室、喫煙所やロッ

図表 3-1　経営の「場」の三層構造

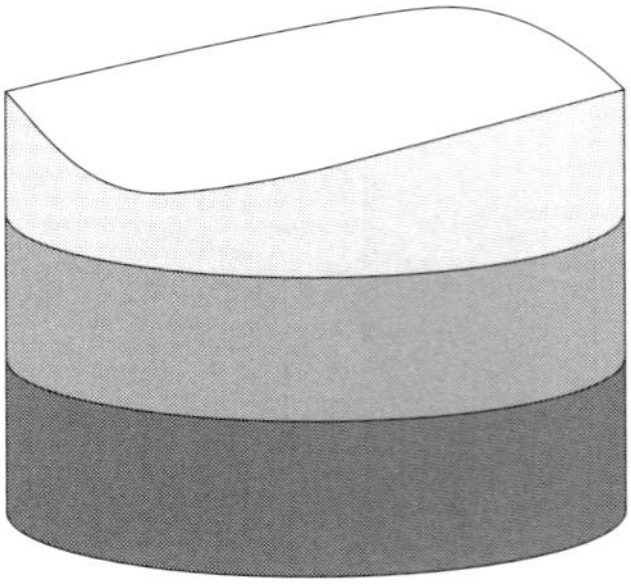

カールーム等、人々が集い、情報交換が発生する特定の「場所」こそが、まさに「場」として認識されてきたのである。

近年の情報化の進行、特にインターネットの普及後は、このリアルな空間に、website・ブログ・メール・SNSといったバーチャルな空間がコミュニケーションの新たな「場所」として加わることとなった。この「空間としての場」は「場」の本質的な機能である知識の共有や創出という観点からは、あくまで補助的な役割を果たすに過ぎないが、知識の共有や創出に必要な人々の出会いを担保する（保証する）機能を果たす点において不可欠の存在であり、リアル、バーチャルいずれの場面においても、「場」を「場」たらしめるための、第一義的に必須の存在であると考えられる。

その物理的な「空間としての場」を舞台に、知識の共有や創出を担う一群の人々が、フォーマルな、あるいはインフォーマルな形態をまとって組織化されることとなる。フォーマルな形態としては企業組織における特定の部や課の構成員といった恒常的なものに加え、プロジェクトチーム、タスクフォースといった臨時・緊急的なものも存在する。インフォーマルな形態としては個々人の人脈に基づく水面下の人的紐帯といった原初的なものから、特定の目的に向けた高い志と専門知識を基盤とするCommunity of Practice のような洗練されたものまで考えることができよう。いずれにせよ知識の共有と創出は人の集団によって成し遂げられることになるので、物理的な「空間としての場」をステージとして「人間組織としての場」が形成される、と表現することができるであろう。われわれは「場がなごむ」という表現をしばしば用いるが、それはこの「人間組織としての場」を対象としたいい回しに他ならない。

「状況としての場」の特質

以上の二つの「場」に対し、「状況としての場」はやや内容を異にしている。実はこの「場」の概念こそ一九九〇年代半ば以降に注目され論じ続けられてきたコンセプトに他ならないものと考えられる。まず『場の論理とマネジメント』（二〇〇五）における伊丹の定義を見ておこう。

> 場とは、人々がそこに参加し、意識・無意識のうちに相互に観察し、コミュニケーションを行い、相互に理解し、相互に働きかけ合い、相互に心理的刺激をする、その状況の枠組みのことである
>
> （伊丹、二〇〇五：四二頁）

ここでは「人間組織としての場」の中で情報の交換と共有が進み、ある特定の目標に向かって

参加者たちの心理的エネルギーが高まっていく状況として「場」が定義されているように思われる。伊丹は同書の中で上記の「場の機能的定義」に加えて「場の構成的定義」も示している。

場とは、そこに参加するメンバーがつぎの四つの「場の基本要素」をある程度以上に共有することによって、さまざまな様式による密度の高い情報的相互作用が継続的に生まれるような状況的枠組みのことをいう。

A　アジェンダ（情報は何に関するものか）

B　解釈コード（情報はどう解釈すべきか）

C　情報のキャリアー（情報を伝えている媒体）

D　連帯欲求

（伊丹、二〇〇五：一〇三―一〇四頁）

ここで注目すべきはDの連帯欲求であろう。この連帯欲求の共有から人間組織としての場に心理的連帯感が発生し、問題解決に向けての情報収集や交換、新規アイデアの創発やソリューションの提案などが次々と行われ、参加者間での「心理的共振」が増大していく、そのような状況として「場」が認識されているのである。

今日まで続く「場」の議論の出発点となった野中・竹内の『知識創造企業』（一九九六）の中でも、組織的知識創造の最初の局面である暗黙知の共有の舞台として「場」（field）の必要性が述べられている。

共有が起こるためには、個人が直接対話を通じて相互に作用し合う「場」が必要である。体験を共有し、身体的・精神的なリズムを一致させるのが、この「場」なのである。

（野中・竹中、一九九六：一二六頁）

ここでの「場」とは、「身体的・精神的なリズムを一致させる」と述べられていることからも明らかなように物理的空間や人間組織それ自体ではなく、人々の情報的および心理的相互作用が活発化する「状況としての場」を意味しているものと解釈することができるであろう。

企業業績と「場」

このような「場」が注目されるのは、それが企業業績の動向と密接に関連しているからに他ならない。売上高の成長や利益率の上昇といった企業業績の向上は、新製品や新製法の開発・導入といったイノベーション、あるいは職場モラールの上昇による生産性の改善などにより実現されるのであるが、既に述べたように「状況としての場」は構成員間の活発な情報の交換、共有と心理的エネルギーの増幅、一体化を通じ、新しい知識の創出や職場環境の活性化をもたらす。すなわち、リアルにせよバーチャルにせよ何らかのある特定の空間で、フォーマルもしくはインフォーマルに組織された人々によって、情報的かつ心理的共振作用が生み出され、企業業績の改善へと結実していくのである。「場」と企業業績の間にはこのような因果関係が存在していると考えることができるであろう。換言すれば企業業績の向上には「場」の存在が必要条件になるということである。このことは「場」をいかに認識し、定義すべきかという論点と密接に関連している。

「状況としての場」そのものの認識は主観的な性格を免れないであろう。まずそれは「場」の構成員以外には認知されない可能性がある。特にインフォーマルな組織の場合、情報的および心理的共振作用は部外者とは遮断されているため、「場」が存在したか否かについての誰しもが納得できる判定は困難だと考えられる。インサイダーにとっては大変活気あふれる「場」であっても、アウトサイダーには繰り返される単なる日常的な光景に過ぎないといった状況は大いにありがちなものと考えられる。

次にメンバー間で情報的・心理的相互作用と共振効果が働いたとして、そのすべてのケースを「状況としての場」の発生ととらえてよいのかという問題が存在する。これは「場」を構成する人間組織の広がりにも関連するのであるが、少数の極めて限定された人々の間での情報的相互作用や心理的共振をもって「状況としての場」の成立ととらえることには、おそらく誰しもが異議を唱えるものと思われる。一方、多数の参加者のもとで情報的・心理的相互作用が働き共振効果を生み出したとして、それらすべてのケースを「場」の成立ととらえるならば、「場」の存否についての客観的指標は存在しないことになるであろう。いわば「皆が盛り上がった」回数だけ「場」が存在したことになるのであるが、これでは「場」についての経営学的知見としてわれわれが得るものは少ないように思われる。すなわち、企業経営にとって参考となる「場」の機能や役割、あるいは企業経営の分析ツールとしての「場」の視点が見失われてしまう可能性が大きいように考えられるのである。

ここから企業業績を手掛かりに「場」を認識するという視点が登場してくることとなる。既述の通り企業業績の向上には「場」の存在が必要であるため、売上高や利益率の改善には、それを可能とした「場」が必ず存在し、その「場」を通じて新製品・新技術の開発や新市場の開拓、あるいは生産性の向上が実現されたととらえる視点である。先に述べたように「場」の認識はどうしても主観的な性格を免れないため、企業業績の改善の原因を探る中で「場」の存在を浮かび上がらせるという手法がより適切かつ有効である。

次に企業内部の「場」から目を転じて、企業間競争の「場」について考察していくことにしたい。

競争の「場」の構図

伝統的市場観

競争の「場」とは企業間の競争が行われる場所で、伝統的に市場と呼ばれてきた。図表3－2はその市場の諸類型を、二大決定要因である参入障壁と製品差別に基づき区分して表示したものである。

参入障壁が低く製品差別の程度が小さい市場は、企業数が多く価格競争の激しい原子的競争市場となり、対照的に参入障壁が高く製品差別の程度も大きい市場は企業数が少数で非価格競争が中心の差別型寡占を形成する。この両者に加え、企業数が多いけれども非価格競争が中心の独占的競争市場と、価格競争が顕在化しやすい競争的寡占市場を合わせた四つの市場類型が、伝統的に「競争の場」として認識されてきたように思われる。

図表 3-2　市場の類型

		参入障壁	
		低	高
製品差別	小	原子的競争	競争的寡占
	大	独占的競争	差別型寡占

伝統的市場観の留意点

この伝統的市場観にはその解釈上、および現実市場の分析に適用するにあたって、いくつかの留意事項が存在する。

第一に、市場類型を規定する参入障壁と製品差別の本質を見誤らないという点である。参入障壁として指摘されるのは必要資金量の大きさや技術上の優位性（特許・ノウハウ）、資源へのアクセス、流通網の確保などであるが、これらに加え製造や営業のための許認可といった制度要因も存在する。この制度要因は目に触れにくく外部からはうかがい知ることが困難な場合もあり、注意が必要となる。製品差別については当該製品やサービスの本質的な機能と付随的機能の区別、ブランド力を支える製造および品質管理能力への目配りが求められよう。何が本当の参入障壁か、真の差別化要因は何なのかについてわれわれは常に問い続ける必要がある。

第二に、参入障壁と製品差別の時系列変化である。強固で不変のように見える参入障壁も、時の経過とともに新しい製造技術の開発、導入や制度要因の変化等で、次第にあるいは急激に変動を示すことがある。古くは時計市場でのクォーツ化に伴う参入障壁の低下、最近ではカメラのデジタル化に伴う写真機およびメディア（従来は写真フィルム）での参入障壁の低下などを挙げることができよう。特許期間の終了は制度要因からの参入障壁低下の古典的な例であり、規制緩和に伴う各種許認可の簡素化や撤廃は意図的な参入障壁の引き下げと表現することができるであろう。

製品差別については、プロダクトイノベーションで物理的・機能的に旧来のブランドが陳腐化されるケース、および製品やサービスの品質低下からブランドが自滅していくケースなどを考えることができよう。前者については、基本機能が市場のニーズからかけ離れるようになってくると、その齟齬を突いた新製品やサービスが登場し、旧態依然の商品を淘汰していくこととなる。一九八〇年代後半からのわが国ビール市場でのブランド間競争はその典型例として指摘できるかも知れない。また後者については、安全性に疑義が生じたため消費者からの信頼を失った有力食品ブランドや、トラブルの多発から利用者離れを招いた運輸サービスブランドなどが格好の事例といえるであろう。

以上の点と関連するが、第三に留意すべき事項として、伝統的市場観は供給される製品やサービスに着目した supply-side-oriented な性格を色濃く有している点が指摘できよう。参入障壁は生産、物流、販売といった供給条件にかかわる産業ごとの特性であり、製品差別は文字通り供給される財・サービスについての企業あるいは製品ごとの特性の表現に他ならない。参入障壁という供給条件のあり方で産業内企業数の多寡が決まり、製品差別という財・サービスの特性で価格・非価格の競争スタイルが変化する、伝統的市場観を一言で述べればこのように表現できるだろう。

さて伝統的市場観が supply-side-oriented な性格を有するということは、裏を返せば需要サイドの特性や変化についての目配りが不足する可能性が、少なからず存在するということを意味する。例えば未開拓市場の存在である。既存の財・サービスについて、いまだ顕在化していないが確かに存在する潜在的需要があり得る。それは地域市場から全国市場、さらには海外へといった地理的な需要の拡大ということもあれば、若年層から成人・高齢者層へ、あるいは個人から法人へといった需要主体の属性の拡大ということもあり得る。また、単体の財・サービスからそれらの複数の組合せへとニーズが変化するモジュール化の現象も、supply-side-oriented な視点からは見落とされる可能性がある。さらに、特定の財・サービスについて特異な需要特性の存在を指摘できよう。ネットワーク外部性はＩＴ関連製品や情報メディアに散見される winner takes all（勝者全取り）の状況を出現させる原動力であるが、どのような財・サービスにネットワーク外部性が発生するのか、そのための需要サイドの条件は何なのかについて伝統的市場観を補完しておく必要があると考えられる。

競争の「場」の認識と企業業績

ここまで伝統的市場観とその解釈や現実への適用にあたっての留意点を述べてきたが、これは同時に競争の場である市場の現状認識においてわれわれが陥りがちな陥穽も示している。例えばブランド力についての理解である。一般に知名度の高い有力ブランドの存在それ自体が差別化要因と考えられることが多いが、知名度それ自体には「良い」知名度も「悪い」知名度もあり得る。ブランド力とされるのはもちろん「良い」知名度であるが、その「良さ」を維持するには品質や納期、アフターサービス等において需要者から期待される水準を常にクリアする企業のオペレーション能力が不可欠であって、ロゴや商品名それ自体は製品差別を実質化する機能を保有していない。

自動車産業における競争力について考えてみると、アセンブリー分野では部品在庫を極小化するリーン生産方式の導入やそのオペレーションの巧拙が競争力を左右すると考えられることが多いが、環境車に見られるようにエンジンの開発力なくしてはライバル企業に先行することも追随することも不可能なことはいうまでもない。まずは基幹部品であるエンジンの開発、量産能力、ついで部品組上げのオペレーション能力、というのが自動車産業の競争力を分析するに際し、認識、評価すべき順序だと思われる。

参入障壁や製品差別の時系列変化に関していえば、ガリバーと呼ばれ、その圧倒的な市場シェア支配が揺るぎなきものに見えたかつてのわが国ビール産業や写真フィルム市場、腕時計市場の変容を思い起こせば充分であろう。製品革新にせよ製法革新にせよ、イノベーションは市場のあり方を一変させる強大な力を秘めているのである。

以上見てきたように伝統的市場観に基づく一般の認識が現実とかけ離れがちになるということは、視点を変えれば、現状を正しく認識し、生起しつつある市場の変化をいち早く察知した企業には大きなビジネスチャンスが生まれることを意味する。高成長や高利益率を実現している企業とは、まさにこの意味で現状分析力と変化対応力に優れた企業ということができるであろう。この企業としての優れた現状認識と変化対応が顕在化するか否かは、ひとえに企業組織の頂点に立ち、組織としての意思決定をリードする経営者の力量にかかっているように思われる。

競争の「場」と経営の「場」

基本仮説

経営者は企業組織を統括しつつ市場に対峙する重要なポジションに位置している。まずは日々のルーティンが確実に実行されているか、組織のモラールが変りなく維持されているかに気を配る必要がある。これはCOO（最高執行責任者）としての業務ということになるであろう。誤解を恐れずにいえば、競争の場である市場の属性を所与として、既定のビジネスモデルに従い、所定の財・サービスを円滑に供給し続けることがCOOの主要な業務ということになる。

他方、経営者にはCEO（最高経営責任者）としての役割が存在する。競争の場である市場の環境変化を察知し、企業の事業領域を適切にシフトさせていく戦略の立案と実行を担う業務である。すなわち、長期的な見地から企業組織の維持と成長をはかる業務であるが、そのための手順として、市場についての正確な現状認識、市場の環境変化についての適切な予見、その予見に基づく対応策の策定、企業組織への対応策の浸透、が必要となってくる。一般的な表現を用いれば「経営戦略の立案と実行」ということになると思われるが、本章の用語法で表現するなら、「「競争の場」についての正鵠を得た認識と予測を「経営の場」につなぐ」、ということになる。経営者は企業組織を統括しつつ市場と対峙しているため、市場の状況も企業組織の状況もトータルに把握することが可能な位置にあり、それゆえ二つの場をつなぎ、長期的に企業業績の向上を実現させることが、戦略の立案と実行という形で可能となるのである。

ただし、この市場についての現状認識と将来予測の正しさは事後的にしか確認できない点に留意しておく必要があろう。現場・現物・現実の三現主義がよく主唱されるが、それはとりもなおさずわれわれの現状認識に齟齬が多い事実を示すものであろう。同じ現場を見ても、人によって解釈が食い違うことはよく経験する事実である。現状認識においてさえこうした状況が存在することを考慮するならば、未だ眼前に現れていない将来予測について多様な見解が存在し得ることはいうまでもない。

言い換えれば、経営戦略の企画・立案には少なからぬリスクを伴うという現実があり、Going Concern としての企業組織はこのようなリスクを極力回避せねばならないが、現状では、このリスクの最小化は経営者の感性と判断力に委ねられているのである。すなわち、経営者の暗黙知の巧拙が経営戦略の適否、つまり企業の長期的パフォーマンスを左右するといっても過言ではないものと考える。

一方、この経営者の暗黙知が経営の「場」のマネジメントにおいて重要な役割を果たすことが伊丹（二〇〇五）によって指摘されている。企業組織内部に発生した萌芽的「場」を、イノベーションや組織変革といった「新しい秩序」の形成を目的とする運動体へと育成していく過程で、経営者（「マネジャー」）は無数の出来事や変化あるいは提案（伊丹はこれらを「切れ端」と表現する）の中から、いったい何に着目し、いずれを選択していけば良いのか。

拾い上げられるべき切れ端は新しい秩序を示唆していると思われるものでなくてはならない。しかし、そこで悩み深い問題にぶつかる。「新しい秩序が具体的な形をとっていない段階で、何が意味のある切れ端なのか、どう判断するのか」という問題である。

その判断はマネジャーの仕事なのだが、判断基準はこの段階ではおそらく二つしかない。一つは、新しい秩序の方向性についてマネジャー自身がもっている先行的理解である。それが、「この切れ端はいける」という感覚を生むもとになる。方向性を明示的に表現できる段階には彼自身まだなっていなくても、切れ端を見たときにそれが筋のいいものかどうかの判断をさせてくれるのが、先行的理解である。……切れ端の適切さの判断基準の二つ目のものは、論理的な〝つじつま感〟である。新しい秩序は、秩序であるだけに、生まれてみればつじつまの合った整合的なものであろう。

（伊丹、二〇〇五：二五四頁）

状況の先行的理解に基づく判断能力や論理的整合性の感覚は、数多くの経験と広範かつ高度な知識に裏づけられた経営者の属人的能力であり、市場の環境変化を察知し、適切な対応策を創発する暗黙知に他ならない。市場という「競争の場」の正確な現状認識と変化の兆しを察知する観察眼・判断能力は、同時に企業組織内部の「経営の場」において発信され交換・共有される多種多様なデータ・情報・提案群の中から、「筋のいいもの」を取捨選択し拾い上げる能力でもあるからである。なぜなら「筋がいい」と判断する根拠は、市場の現実と整合的であり、市場の変化の方向を反映したコンテンツであり、対応策であると見なされるからであって、「競争の場」に対する経営者の特定の認識が前提となっているからに他ならない。一言でいえば、市場を見る暗黙知が「経営の場」を育成する、ということになるものと考える。

この経営者の暗黙知には当然ながら個人差が存在する。経営トップが代わることで企業業績が変動するケースが散見されるが、特に長期的・傾向的な変化に関しては以上に述べてきた経営者の暗黙知が大きく関与しているものと考える。暗黙知は属人的なものであるから、企業の長期的成長や繁栄にとって経営トップの人選は極めて重要なイベントとなることが理解されるであろう。

以下では、経営者の優れた暗黙知、具体的には「競争の場」である市場の現状認識と今後の展開の予測、あるいは固有の市場特性の認識や環境変化への気づきによって、業績を劇的に向上させた二つの企業を取り上げ、「競争の場」と「経営の場」をつなぐ経営者の暗黙知の重要性を検

図表3-3　武蔵精密工業の業績推移

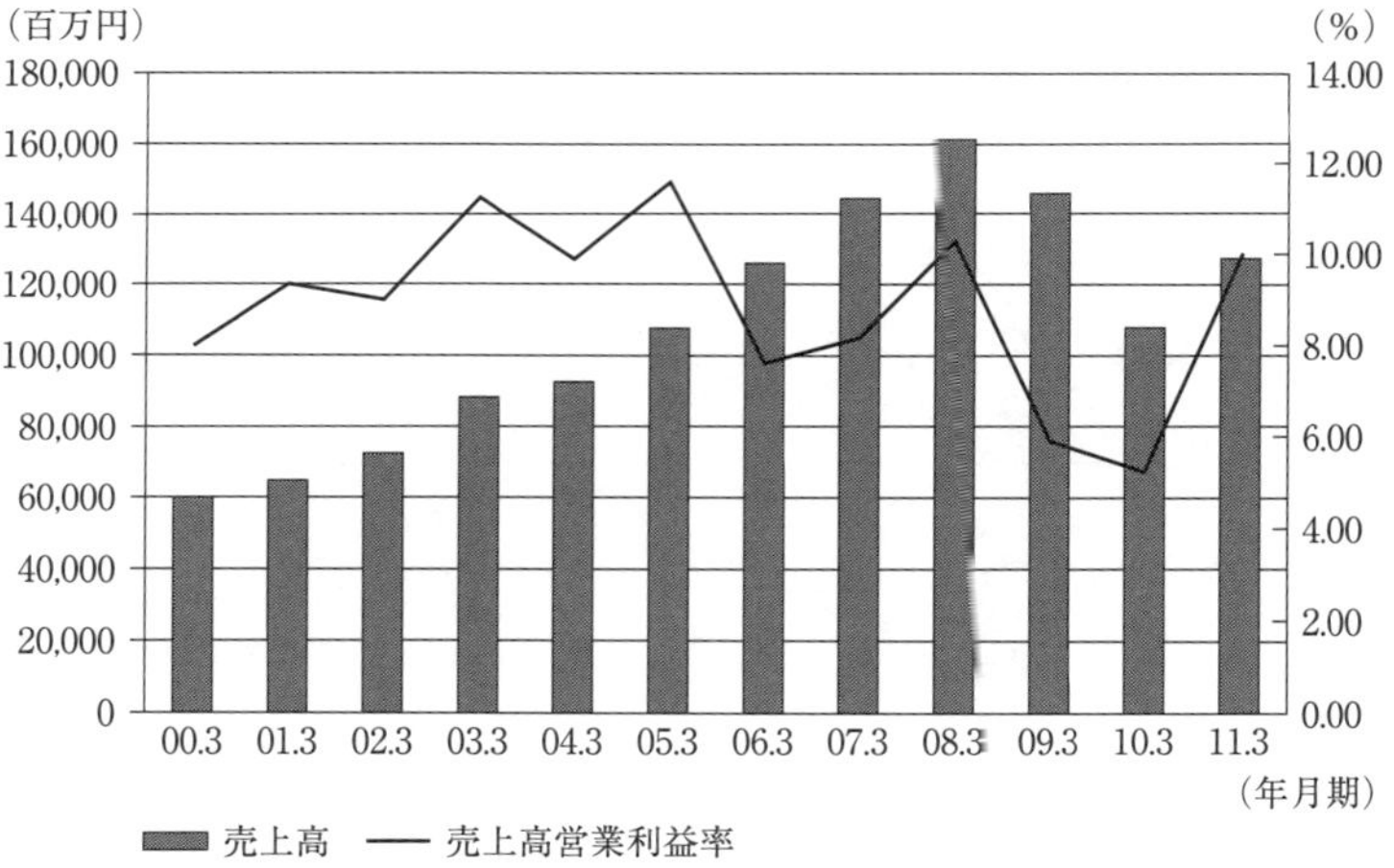

出所：同社決算短信等

証してみたいと思う。

武蔵精密工業のケース――

武蔵精密工業は愛知県豊橋市に本社を置くホンダ系の自動車部品メーカーである。戦後、ミシン部品の生産で業容を拡大し、一九五六年からホンダのオートバイ部品の生産を始めた。一九六七年には自動車部品の製造に乗り出し、おもにシャフトやギア、ジョイントといった駆動系部品を生産している。一九九八年に株式を店頭登録し、二〇〇四年東証二部上場、二〇〇五年東証一部指定替えと順調な展開を示してきた。

図表3－3は二〇〇〇年三月期から直近までの同社の売上高と売上高営業利益率の推移を示したものである。二〇〇〇年から二〇〇八年にかけて売上高が六〇〇億円から一六〇〇

図表3-4　武蔵精密工業とホンダの売上高営業利益率推移

出所：両社決算短信等

○億円へと急増、営業利益率も一〇％近辺で推移していることが見て取れる。

二〇〇九年、二〇一〇年とリーマン・ショックの影響を受けて売上高が落ち込んだが、直近では回復傾向が見られる。が、それにしても二〇〇〇年三月期以降二〇〇八年三月期に至る急成長ぶりには目を見張らされるものがある。

一方、売上高営業利益率であるが、わが国製造業企業の場合、平均で五％程度と考えられるレベルからすれば武蔵精密工業の高水準ぶりがうかがえよう。同社の高収益性は、主要取引先かつ筆頭株主であり事実上の親会社といってもよい存在のホンダ（本田技研工業）の売上高営業利益率と比較することで、より一層明瞭となる（図表3－4）。

部品メーカーと組立メーカーでは、規模と技術水準で勝る組立メーカーの収益性が部品メーカーを上回るのが一般的であるのに対し、特筆すべき点は武蔵精密工業の場合には、売上高営業利益率に関し二〇〇六年三月期を除く残りのすべての期間、事実上の親会社である組立メーカーホンダを、時には四ポイント強も上回っているのである。

武蔵精密工業の二〇〇〇年三月期以降の高成長と高収益性は、同社が二〇〇〇年代初頭の部品市場の状況と起こりうる変化の方向を正確にとらえ、適切な対応策を立案し、組織的に実行に移してきたからだと考えられる。具体的には、中国・インド・ブラジルといった新興国での二輪車需要の成長を見据え、思い切った直接投資に踏み切ることで高成長と高収益性を実現したということである（詳しくは大西（二〇〇九）参照）。

「競争の場」である市場についての的確な状況把握と的を得た展望、それらの認識に裏打ちされた説得力のある経営戦略の企画・立案、その戦略を現場レベルで具体化し推進した「経営の場」の存在、これが武蔵精密工業のハイパフォーマンスのメカニズムであると考えられるが、この「競争の場」と「経営の場」との結節点に位置した人物こそ二〇〇〇年六月から二〇〇六年四月まで同社社長を務めた小林由次郎氏である。社長就任直後の小林氏はインタビューで次のように述べている。

カーメーカーは部品生産の内製化率を下げている。モジュール化の流れは機能部品にも及んでおり、ミッションギアやシャフトを手がける当社にとっては大きなチャンス。価格競争も系列が崩壊し、世界的に激化している。素材から加工までの一貫生産の強みを品質・コスト・デリバリーにうまく生かしたい。……この先一、二年でカーメーカーの部品調達戦略が固まる。最適調達に対応するためにも（海外）各拠点での相互補完体制を急ぐ。量産効率を海外で追求し、日本は生産、開発のノウハウづくりの拠点とする。生き残りだけでは意味がない。勝ち残りが大事だ。

（『日刊工業新聞』二〇〇〇年八月一日）

部品モジュール化の流れを押さえた上で組立メーカーの外注拡大と海外最適調達に対応すべく、海外製造拠点整備のスピードアップをはかり、勝ち残りを目指す。現時点から見れば、まことに正鵠を射た市場認識と戦略立案が、武蔵精密工業の高成長と高収益性を実現したといえよう。

プロトコーポレーションのケース

プロトコーポレーションは名古屋市に本社を置く中古車情報メディアの企業である。中古車情報は現在、いくつかの企業によって雑誌・インターネット・携帯サイト等の複数のメディアで提供されているが、日本で最初にこのビジネスを立上げたのは同社創業者で現会長の横山博一氏であった。一九七七年一〇月に名古屋市で創刊した『月刊中古車通信』がそれで、創刊号は一四ページの月刊誌であった。その後同誌は『月刊Ｇｏｏ』へと名称を変更し、販売地域も名古屋を含

図表3–5　プロトコーポレーションの業績推移

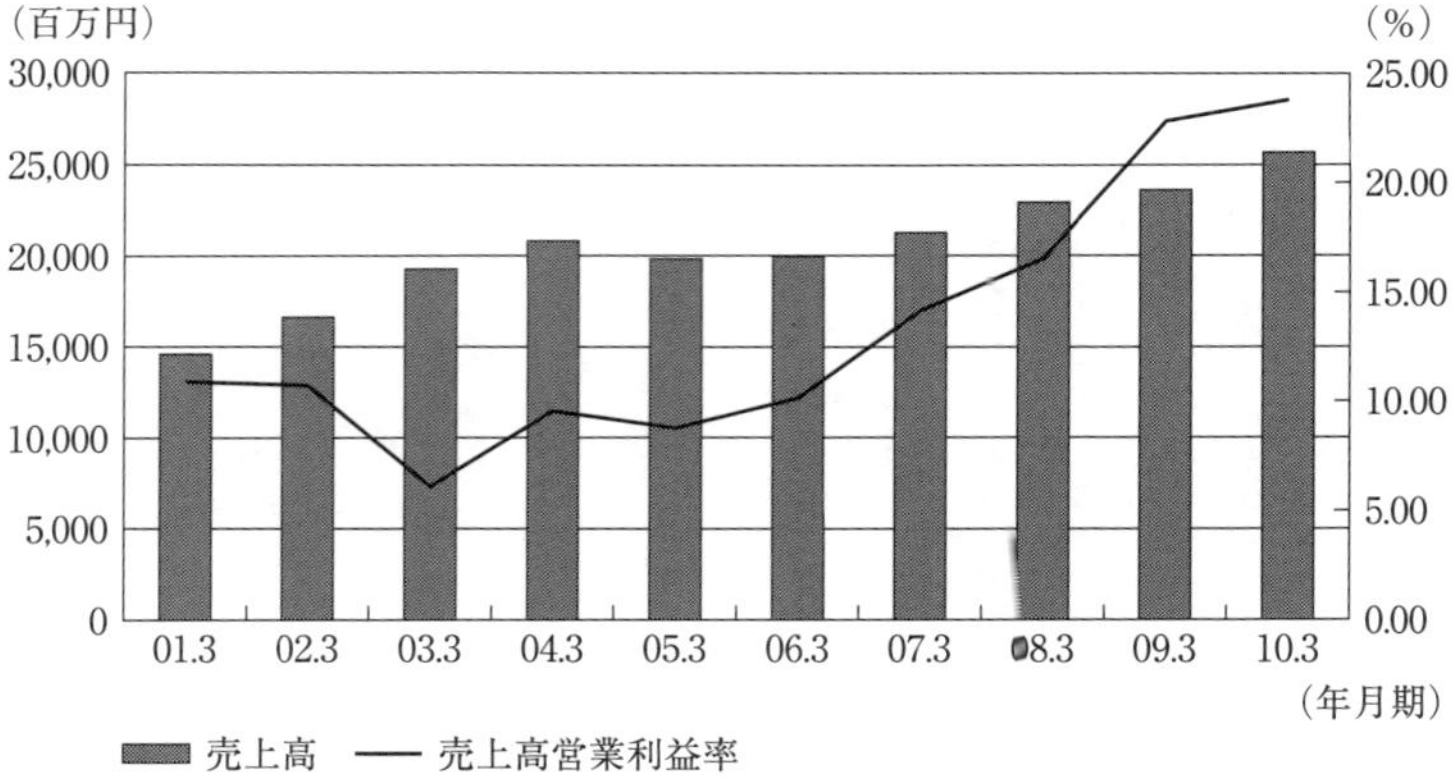

出所：同社決算短信等

む東海圏から関西・首都圏へと拡がり、二〇〇〇年代初めにはほぼ全国をカバーするまでに成長を遂げた。同社のジャスダック市場株式公開は二〇〇一年九月のことである。

同社はニューメディアへの取り組みにも熱心で、一九九五年にはパソコン通信、翌一九九六年にはＧｏｏ－ｎｅｔホームページの開設、二〇〇〇年にはｉモードへの中古車情報提供開始と、業界他社に先駆けて紙媒体からの多角展開を試みてきた。最近ではｉＰｈｏｎｅやｉＰａｄを通じた中古車情報の提供にもいち早く取り組んでいる。

図表３－５は二〇〇一年三月期から二〇一〇年三月期に至るプロトコーポレーションの売上高と売上高営業利益率の推移を表したものである。売上高は二〇〇五、六年にやや停滞はあるものの、一五〇億円弱から二五〇億円強へと成長を続けてきたことが明瞭である。しかし、注目すべきは売

上高営業利益率の二〇〇六年以降の急上昇であろう。二〇〇五年三月期まで一〇%前後で推移していた同利益率は、二〇〇六年三月期から上昇トレンドに入り、直近の二〇一〇年三月期には二三・七%という高い値を示している。この収益性の急上昇をもたらしたものは一体何であろうか。

中古車情報メディアの世界では、一九九三年から二〇〇五年にかけてプロトコーポレーションとリクルートによる激烈な戦いが行われた（詳しくは大西（二〇一一）参照）。中古車情報誌という新しいビジネスを立上げ、先行したのは横山氏率いるプロトコーポレーションであるが、その潜在的市場規模と成長性に目をつけたリクルートが大阪を舞台に一九九四年『カーセンサー関西版』を創刊し、先行するプロトコーポレーションに戦いを仕掛けたのであった。すでに就職情報誌や住宅情報誌で知名度と実績を有するリクルートは、企業規模においてプロトコーポレーションを遙かに凌駕する存在であり、勝敗の帰趨は誰の目にも明らかなように見えた。事実、戦いの当初から終盤に至るまでリクルートの優位は動かなかったのである。

しかし、大方の予想に反し、プロトコーポレーションは戦いの最終盤に逆転勝利を収めることとなる。その詳細については前述の大西（二〇一一）に詳しいが、ここでは逆転勝利に導いた横山氏と後継の入川氏による「競争の場」の的確な認識について指摘しておくことにしたい。ポイントは二点である。

まず第一に、情報メディアビジネスでは「一まとまりとしての情報量」、すなわち提供されるデータベースの大きさが競争の帰趨を決するという事実である。中古車情報メディアの世界では、情報鮮度に差がなければユーザーが検索可能な中古車数が多いほど「納得の一台」に到達する確率が高まり、そのメディアに対する中古車購入予定者の満足度が上昇していく。中古車購入予定者は最小のコストと最短の時間で購入候補車の情報を入手したいのであるから、複数のメディアの中からよりヒットの確率の高いメディアを優先的に使用することになる。またユーザーから優先的に利用されるメディアに情報を提供している中古車販売事業者から見れば、そのメディアを利用することでより多くの売上が得られるため、ますます多くの中古車情報を当該メディアに提供することとなる。こうして相対的に情報量の多いメディアが、多くの情報ユーザーを集め、したがって多くの情報提供を受けることで、次第に winner takes all（勝者全取り）の状況へと近づいていく。いわゆるネットワーク外部性の存在であり、横山、入川両氏は情報メディアビジネスのこの市場特性をよく理解していた。

一九九四年に大阪へリクルートが進出してきまして。こちらは年商三〇億円で、向こうは三〇〇〇億円。それで「かかってこんかいカーセンサー」ってスローガンを掲げた。会社対会社っていうけど、最前線で戦うのは人、営業マンですよ。現場の士気をどれだけ高めるか。そんなスローガンにしたんだから、現場は常に、相手より何をしたら上回るかを考える。知恵は次から次へ出てくるわけですよ。相手が一回営業に行けば、こちらは三回行く。五回行けば、一〇回行きゃいいんでしょう。

（『中日新聞』二〇〇九年八月二〇日朝刊：八頁、横山博一会長へのインタビュー記事）

情報はドブ板で取ってくる

（日本ナレッジ・マネジメント学会東海部会が二〇一〇年七月七日に実施したプロトコーポレーションへのインタビューでの入川達三社長の発言）

いずれも中古車販売事業者への接触頻度を高めて、より多くの中古車情報の提供（情報メディアへの広告出稿）を促し、「一まとまりとしての情報量」で負けない状況をつくり出す方策であった。この努力が戦いの最終盤で大きな力を発揮することとなる。情報量の大きさで優位に立ったプロトコーポレーションが、紙媒体からインターネットやモバイルへという基本メディアの交代の中で中古車購入予定者の支持を集め、ついにはリクルートを逆転するのである。

以上とも関連するが、第二に指摘すべきは情報メディア市場の環境変化への的確な対応である。既述の通りプロトコーポレーションはニューメディアへの取り組みに熱心で、インターネット上でのＧｏｏ－ｎｅｔホームページの開設も一九九六年と大変早い時期に実施している。また二〇〇一年にはＹａｈｏｏ！への中古車情報の提供も開始している。このような先行的かつ積極的な取り組みの背景には創業者横山氏の「気づき」が大きく影響しているように思われる。

（中古車情報サービスも）本だけやってたら必要とされなくなる。「必要とされたい」と思い続ければ、インターネット、モバイルと変わっていく。それも気づきでしょ。

（『中日新聞』二〇〇九年八月二〇日朝刊：八頁）

このインターネットやモバイルメディアへの先行的かつ積極的な取り組みがあったからこそ、プロトコーポレーションは、雑誌の世界での「リクルート」ブランドが通用しない本格的なメディア転換の時代を迎えた二〇〇〇年代中盤において、その収集情報量の大きさも相まって中古車情報メディア市場で仇敵リクルートに対する最終的な勝利を手にすることができたものと考えられる。

「競争の場」の特性と環境変化を知悉した経営者が、「経営の場」の舵を切ることで、揺るぎなき高成長と高収益性の果実が今まさにプロトコーポレーションに実現されつつあるのである。

おわりに

本章では「経営の場」と「競争の場」という二つの「場」について、それぞれの構造や特性・留意点に考察を加え、両者の関連について検討を行った。通常「場」は「経営の場」として論じられることが一般的で、市場という「競争の場」に言及されることは皆無といっても良いように思われる。しかしながら本章中にも述べたように「経営の場」の認識には主観的要素が入り込むため、客観的に意味のある「経営の場」の把握という観点から、「競争の場」の概念の提唱と、企業業績に基づく「経営の場」の認識・捕捉という視点を提起した。

また、「経営の場」が機能するためには経営者による「場」の適切な舵取りが不可欠となってくるため、その舵取りの妥当性を「競争の場」についての経営者の的確な状況認識や展望に求める視点も提起した。すなわち、経営トップによる市場の特性、およびメカニズムへの正確な理解と市場を取り巻く環境変化への正鵠を射た予測である。

たしかに状況認識や予測が正しかったか否かは事後的にしか確認できないが、経営者の能力次第で適切な事前対応が可能となることは言を俟たない。経営者の暗黙知の重要性がここにある。「経営者の暗黙知が二つの「場」をつなぐ」というサブタイトルの所以である。最後に取り上げた二つのケーススタディは、いずれも卓越した経営者の暗黙知が好調な企業業績へと結実した事例であり、経営者の「競争の場」に関する正確で深い洞察が、組織内の「経営の場」のエネルギーを的確に誘導し方向づけることで、ハイパフォーマンスに帰結したものと考えられよう。

参考文献

伊丹敬之、二〇〇五『場の論理とマネジメント』東洋経済新報社。
大西幹弘、二〇〇九「武蔵精密工業の研究—納得の高成長、不思議な高収益」『日本ナレッジ・マネジメント学会東海部会季報（電子版）』第九号。http://www.kmsj.org/tokai/
大西幹弘、二〇一一「プロトコーポレーションのコア・ナレッジ—プロトは、なぜリクルートに勝てたのか?」」『日本ナレッジ・マネジメント学会東海部会季報（電子版）』第一三号。http://www.kmsj.org/tokai/
清水博編著、二〇〇〇『場と共創』NTT出版。
野中郁次郎・竹内弘高著、梅本勝博訳、一九九六『知識創造企業』東洋経済新報社。

第4章

陶磁器産業にみられる「場」の活用

喜田昌樹・松本雄一

はじめに

本章では、伝統産業の一つである陶磁器産業で、どのように「場」が活用されているのかを明らかにする。まず第一に、伝統産業でのスキル形成や技能伝承でどのように「場」が議論されているのかまとめる。そこでは、スキル形成の議論から、「場」と「実践共同体」との区別を明らかにする。ここで、陶磁器産業を取り上げるが、事例に入る前に、陶磁器産業の現在の姿を経営実態調査などで明らかにする。続いて、窯元内にみられる場の活用事例を、実践共同体としてとらえて、具体的に明らかにする。最後に、窯元・作家間の間にみられる場としての事例を検討する。このような議論を通じて、場と実践共同体概念をより明確にすることが、本章の最終的な目的である。

伝統産業における「場」の活用

伝統産業において「場」を活用するのは、特に技能伝承においては非常に有効である。徒弟制的な技能形成方法が色濃く残る伝統産業においては、その技能は職場の中に埋め込まれており、技能を学ぶ者はその共同体の中での実践によって、技能を学んでいくことが求められるからである。以下では伝統産業における「場」の学習の活用のメリットと、それをより推し進めた形での「実践共同体」の学習について見ていくことにしよう。

伝統産業における「場」の学習の活用のメリット

「場」の学習についてはすでに多くの研究で議論されている。伊丹（一九九九、二〇〇五）は「場」について「人々が参加し、意識・無意識のうちに相互を観察し、コミュニケーションを行い、相互に理解し、相互に働きかけ合い、共通の体験をする、その状況の枠組み」と定義している。この「状況の枠組み」としての「場」は、伝統産業にはすでに伝わっていることもあるし、学習のために新たに作り出すことも可能である。

それでは「場」を活用した学習にはどのようなメリットがあるのだろうか。一つは、ＯＪＴ（職場内学習）のメリットと共通するところである。ＯＪＴのメリットとしては、現在の仕事に直接役立つ実践的な知識や能力を習得できる確実性が挙げられる。状況の枠組みとしての「場」に埋め込まれた技能は、その共同体において必要とされることが多いため、必要な技能を学ぶことができる。また、仕事を通じての教育訓練のため、時間的にもコスト的にも効率的であることも、ＯＪＴと「場」の学習の共通点であるといえる。それに加えて二つめは、「場」の持つ特性が生み出すメリットであり、すなわち「場を共有することによる学習」である。それらの「場」の構成員間の相互作用は、学習の効果を飛躍的に高めるのである。三つめは、「場を感じることによる学習」といえるものである。「場」を感じることによって、技能形成を促進するとともに、技能以外のものも学ぶことができる。伝統産業でいえばそれは職場の雰囲気、職人の仕事に取り組む姿勢から、歴史や文化を感じることができるだろうし、その場で学ぶことができるなら、学習を促進させる効果は十分期待できる。

「場」と「わざ」の体得

「場」の学習についてさらに突き詰めて考察を加えた研究を見てみよう。生田（一九八七）の「わざ」の研究である。生田は伝統芸能における日本的な「わざ」の教授方法を考察し、「わざ」の伝承方法の特徴として、模倣が中心であること、非段階的な教授、評価の非透明性などを挙げているが、「わざ」の体得に必要なこととして、「世界への潜入」ということを指摘している。これは日本舞踊や落語における内弟子のように、その伝統芸能の世界へ潜入し、師匠と日々の生活を共にすることである。そこでは内弟子はその稽古の様子を観察し、師匠の芸を見て聞いて覚えたりできる、そして生活を共にする中で、師匠の「わざ」に固有の「呼吸のリズム」を自然に体得することができるとしている。

また、「場」を共有することによる「わざ」の学習について生田（一九八七）はいくつか指摘している。一つは伝統芸能自体が師匠の日常生活の空間と不可分のものであり、稽古場という空間に足を踏み入れた瞬間から稽古ははじまっているとしている。他の弟子たちの稽古を見たり、師匠の指導を見たり、仲間との雑談や資料の閲覧なども含めて稽古であり、そこから引き出される情報量や学習量は重要な違いをもたらすのである。さらに「場」を共有することで、「わざ」の教授方法の特徴である非段階的な教授、評価の非透明性などを補足することができる。いきなり実践から入り、それに対して詳しい説明がなされない伝統芸能（そして伝統産業）では、「なぜよかったのか」「なぜだめだったのか」について理解できないこともある。しかし「場」を共有することで、例えば他者の稽古や評価を見て確認したり、師匠の仕事を見て理解することができるのである。そして、それは学習者の「解釈の努力」を引き出すという重要な効果をもたらしている。「場」を共有すること、「場」を感じることは、学習者の主体性が強く求められる伝統芸能の学習にとって大きな支えをもたらしている。それは、弟子間の切磋琢磨をもたらすライバル心や、師匠との技量差を見せつけられての反発心、伝統を継承し、超えていくという使命感など、モティベーションの面でも影響は小さくない。企業の現場では若年層で「教えられるのを待っている」現象が散見されるが、伝統芸能はそれ自体の魅力に加えて、「場」のもたらす学習のメリットをうまく生かす指導方法がとられていることを、生田（一九八七）は指摘しているのである。

伝統産業の「制度的叡智」

また他の研究として加護野（二〇〇七）がある。加護野（二〇〇七）は伝統産業や地場産業にはその歴史から培われてきた制度や慣行があり、それを「制度的叡智」と呼んでいる。それには地域内・地域間の適切な競争を維持し、過剰な競争を抑制するため、強者の力を抑制して産地全体を発展させる等の効果があるが、その中で人材育成の制度についても考察されている。それは伝統産業がうまく「場」を活用して人材を育成してきたという指摘もある。加護野（二〇〇七）は伝統産業における技能者の育成について、まず育成する側・される側の双方にとってメリットがあること、徒弟制的な育成訓練が行われていること、そして「疑似家族集団」で技能が伝承されていることを指摘している。育成する側は人材育成によって優秀で意欲の高い人材を低賃金で集めることができ、される側は実用的な技能を学ぶことができる。

そして親方—技能者から構成される「疑似家族集団」によって技能伝承が行われることは、人材育成に効果的であるとして、いくつかの理由を挙げている。一つは「疑似家族集団」の間で競争効果が生まれ、そのことが技能の切磋琢磨につながっていることである。大相撲における相撲部屋制度は部屋間の競争を促進し、技能の向上につなげているわけである。「疑似家族集団」は技能保持・発展の基本的な単位として受け継がれ、独特の雰囲気を持つ学習の「場」となりうるのである。

もう一つは、集団内での学習効果である。集団の中での技能獲得が効果的である理由について、まず、①多様な指導が共有される、ということである。一人だと指導を受けるバリエーションが少なくなるが、集団だとそれが多くなり、それが全員に共有されるのである。次に、②多様なレベルの学習者同士の相互作用、がある。最終的な目標を師匠や親方にするとしても、手近な先輩を目標にすることで、意味のある目標を設定することができる。そして、③学習者同士の教え合い、である。技能は人に教えることで、内省し理解するきっかけを生み出し、より向上させることができるのである。これらの集団内での学習効果はすべて「場」の学習と共通している。

実践共同体における学習

「場」を活用した学習をさらに推し進めた形が実践共同体における学習である。実践共同体はLave and Wenger（一九九一）では技能や知識の獲得と共同体への参加、そして成員としてのアイデンティティ構築を三位一体としてとらえる正統的周辺参加の枠組みにおいて、学習者が参加をしていく、知識や技能を保持する共同体である。知識や技能の修得のために学習者は否応なく実践共同体に参加するとされ、学習者は実践共同体に対して、実践に基づく参加をすることで技能や知識へアクセスし、学習することができるとしている。この考え方は「場」の中でもより伝統産業が歴史的に構築してきた「状況の枠組み」に近い考え方であり、加護野（二〇〇七）の「制度的叡智」のもとになる共同体であるといえる。

そして、Wenger, McDermott and Snyder（二〇〇二）では、実践共同体を「あるテーマにかんする関心や問題、熱意などを共有し、その分野の知識や技能を、持続的な相互交流を通じて深めていく人々の集団」と定義し、実践共同体を、ナレッジ・マネジメントにおける知識創造・共有の装置として位置づけ発展させている。実践共同体を企業の中でつくり上げるというイメージは「場」に近いものではある。彼らは「領域」「共同体」「実践」という三つの構成要素が不可欠な、学習のための共同体であると考え、より学習志向的な概念とする。その具体的な構築プロセスについて、潜在、結託、成熟、維持向上、変容の五段階からなり、ナレッジ・マネジメントの研究においては、公式組織と実践共同体が重層的な構造をなし、両者の相互作用が知識や技能の質を高め、また、学習を促進するとされている（Buckman, 2004）。実践共同体は、組織の中の知識が所有者や文脈から切り離され難い存在とされ（Brown and Duguid, 2000）、その知識の生きた保管庫であり、さらに発展させていく装置としてとらえられているのである。

しかし、先行研究を見てもわかるように、実践共同体の形成は教育現場と企業内に限るものではない。企業外の勉強会（荒木、二〇〇九）や技能講習会（松本、二〇〇九）においても見られるし、また同業種の個人事業主や中小企業によって構成される（松本、二〇〇九）。そして、今回見ていくように、それは産業集積により形成された「産地」においても形成されるのである。ここからは伝統産業における「場」の活用について、技能伝承の事例と、作陶活動における窯元・作家間での事例を紹介し、考察したい。

陶磁器産業の現在

本節では、場の実例を陶磁器産業に求めるために、まず陶磁器産業の現在の実態や日本の陶磁器産業の特徴等を明らかにすることにしよう。

日本の陶磁器産業の特徴と概略――この一〇年に起こった構造転換――

陶磁器産業は他の伝統産業と同様に、この一〇年間において売上高および事業所数において減少の一途を辿ってきた。しかし、現在も一〇を超える産地を有する、ある意味恵まれた伝統産業の一つである。しかもその産地それぞれで特徴的であり、数多くの作家（陶芸家）を生み出している。

色絵など白磁草花紋を中心とする佐賀の伊万里・有田焼、家庭用磁器食器を大量に生産している長崎の波佐見焼、一楽二萩三唐津というように茶陶で大きく位置づけられる山口の萩焼、白磁染付でウドン鉢などで知られる愛媛の砥部焼、須恵器以来の伝統を持ち全国で唯一の無釉・焼締で知られる岡山の備前焼、茶道を中心に京風を確立している京都の京焼、タヌキの置物などで知られる滋賀の信楽焼、土鍋等家庭用料理機器で知られる三重の万古焼、赤色の急須で有名な愛知

図表 4-1　和食器のシェア

順位	都道府県名	2000年度シェア(%)	都道府県名	2004年度シェア(%)	都道府県名	2008年度シェア(%)
1	岐阜	41	岐阜	40	岐阜	39
2	佐賀	18	佐賀	20	佐賀	21
3	長崎	12	長崎	13	長崎	13
4	愛知	8	愛知	7	愛知	6
5	京都	4	京都	4	京都	4
6	山口	3	山口	3	三重	2
7	三重	2	三重	2	山口	2
8	栃木	2	栃木	2	栃木	2
9	滋賀	2	石川	2	石川	2
10	石川	2	滋賀	1	滋賀	1

出所：鉱工業統計より筆者作成

の常滑焼、陶器と磁器において日本最大の産地である岐阜の美濃焼、ノベルティーを中心としながら大量生産産地である愛知の瀬戸などである。このように日本の陶磁器産業は数多くの、しかも製品、経営実態などの点で多様な産地を有している。

次に、和食器と洋食器のマーケットシェアを県別で見てみよう。なぜなら、この一〇年間で大きな変動があることと、陶磁器産業全体を見るためである。まず、和食器のシェアを見ると、二〇〇〇年度の和食器でのマーケットシェアでは、①岐阜（美濃）四一%、②佐賀（唐津、有田）一八%、③長崎（波佐見、三河内）一二%、④愛知（瀬戸、常滑）八%、⑤京都（京）四%、⑥山口（萩）

図表4-2　洋食器のシェア

順位	都道府県名	2000年度シェア(%)	都道府県名	2004年度シェア(%)	都道府県名	2008年度シェア(%)
1	岐阜	49	岐阜	37	岐阜	48
2	愛知	18	愛知	23	石川	18
3	石川	12	石川	13	佐賀	14
4	三重	9	三重	12	三重	10
5	佐賀	5	佐賀	7	愛知	4

出所：鉱工業統計より筆者作成

三%、であり、以下は二%台である。⑦三重（伊賀、萬古）、⑧栃木（益子）、⑨滋賀（信楽）、⑩石川（九谷）、⑪岡山（備前）となる。

図表4－1を見てみると、上位五位までの産地（県別）では、シェアの変動はあっても順位が変わることがない。ただし、五位より下位は県別において変動していることが分かる。

一方、二〇〇〇年度洋食器のマーケットシェアでは、①岐阜（美濃）四九%、②愛知（瀬戸、常滑）一八%、③石川（九谷）一二%、④三重（伊賀、萬古）九%、⑤佐賀（唐津、有田）五%となっている。しかし、二〇〇八年度では、三位であった石川が二位に、五位であった佐賀が三位になっている。佐賀ではそのシェアを二倍にしているのである。一方で、二位であった愛知が五位と急落している。

この結果から、和食器の中心的な産地であった佐賀が洋食器でも重要な地位を持つようになったことが分かる。このように、県別のシェアから、日本の陶磁器産業が二〇〇〇年代に大きな構造変化が起こっている。

陶磁器産業の経営実態調査の結果――事例への接点

神戸大学陶磁器産業経営研究会では、二〇〇七年に佐賀、京都、岐阜の三つの陶磁器産地の窯元に対して質問票調査およびインタビュー調査を行った。二〇〇八年度より、その調査範囲を広げ、①山口（萩）、②愛知（瀬戸、常滑）、③岡山（備前）、④滋賀（信楽）、⑤長崎（波佐見）、⑥三重（萬古）および関係機関の協力を得た愛媛（砥部）に質問票調査およびインタビュー調査を行った。これらの詳しい調査結果については、喜田（二〇一〇）を参照されたい。

そこで、ここでは、これらの調査結果を項目別に整理する。

経営課題については、すべての産地で「販路の確保」が最も多く、続いて「技術技能の伝承」「技術」「技術者の確保」「後継者の確保」などの順で多いことが明らかになった。特に、販路の確保の問題は大きな問題として挙げられている現状が明らかになった。経営形態については、半数を超えて「個人経営」が多く、次いで「有限会社」「株式会社」の順となっていることが明らかになった。なお、個人経営が多いことから、資本金額も「一〇〇〇万円まで」が多いという結果を得ている。さらに、個人経営が中心であるためか、同族経営の比率が高いことも明らかになった。萩や備前など陶芸家（作家）が多い産地では、個人経営を中心とし、瀬戸、美濃、波佐見などの大量生産産地では、有限会社、株式会社が多いことが明らかになっている。日本の陶磁器産業の一つの特徴とされるのが、このように個人経営から株式会社まで規模や会社制度の上で多様性を持ち、しかも併存していることであるといわれている（宮地、二〇〇八）。

最も生産している商品としては、ほとんどすべての産地で「食器」であることは当然であるが、産地ごとで中心とする商品が異なる。京都、萩、備前では「茶道具」や「花器」を中心とする傾向がある。

また、重要な区分に一作家物（一品作）」であるかそれとも「量産品」であるかがある。これは、作家活動を中心とする産地かそれとも大量生産体制を中心とする産地かを区別するのに重要になる（喜田、二〇一〇）。前者に属するのが、備前、萩、京都、砥部で、後者に属するのが、美濃、瀬戸、波佐見、信楽である。そして、佐賀はこの両方に位置づけることができるのである。代表的な販路としては、自家小売（窯元内にギャラリーを設置している）、問屋（産地問屋）、お土産屋さん等の小売店、販売組合、個展等が挙げられる。産地ごとで見てみると、大量生産を行っている佐賀、瀬戸、美濃、波佐見、常滑では問屋を中心としているが、作家活動が中心の萩、備前では自家小売と個展が中心となっている。もう少し個別に見ていくと、その他の販路として、瀬戸、美濃では販売組合を用いる傾向があり、観光地である京都と萩では、お土産を販売している市内の小売店を中心にする傾向がある。そして、近年の陶磁器産業全体の流れとしては、自家小売の重要性が高まってきている。

研究開発では、デザイン（意匠）と販売流通、釉薬、陶土、焼成技術をテーマとする傾向がある。このうち、最も関心を集めているのがデザイン（意匠）である。そして、その産地ごとで制作している商品特性ごとでその中心が変わる。色絵磁器を中心とする産地（伊万里・有田、京都の一部）では、釉薬に関心を持つ傾向がある。代表的な焼締陶の産地である備前では、陶土と焼成技術に注目する傾向があり、また、大量生産産地である美濃では生産設備に注目している。販路の確保を経営課題としているために販売流通に注目する窯元も数多くある。しかし、江戸時代に世界最大クラスの登り窯を有し、庶民の食器（くわらんか碗等）を大量生産する仕組みを構築し、現在も家庭用食器を中心とする波佐見は職人（ものづくりを中心とする）精神風土があるためか、販売流通については関心を持たずに、制作過程に関する研究開発を中心としている。このように産地ごとで製品特性に直結した研究開発を行っているのである。

窯元内における「場」の活用
—源右衛門窯にみられる実践共同体としての場

本節では、窯元内での場の活用を人材育成などの点から事例を紹介する。そこで取り上げるのが、有田の源右衛門窯である。

源右衛門窯の概略

源右衛門窯は有田における「三右衛門」の一角をなし、古伊万里様式の製品を主力商品とするアトリエ型の窯である。その特徴は古伊万里様式の緻密な絵付けをすべて手書きで行うことであり、また他方では源右衛門窯らしい豪放な図柄の作品も見られる。源右衛門窯は当主を中心とした製作体制から職人集団による体制にシフトし、窯全体で高度な技能を継承し続けている。

源右衛門窯での人材育成における「場」

新人の多くは地元高校のデザイン科と窯業科から入ってくる。ときには窯業大学校にいく人もいる。有田・伊万里地区はこのように窯業関連の学校が充実しており、小さい頃から窯業に親しみを持った若者達が陶磁器の世界に入りやすい環境が整っており、なおかつ学問も同様に学ぶことができる。これは加護野（二〇〇七）のいうバイ・ザ・ジョブ学習、つまり仕事に密接な関わりを持った形での学校教育が行える環境であるといえる。新人は仕事をしながら先輩に技能を学んでいる。基本的に上の人について習うのが、源右衛門窯の技能伝承の方法である。伝統のある窯で先輩に囲まれながら技能が学べるという、まさしく「場」を共有し、「場」を感じながら学べる状況の枠組みが整っているといえるだろう。

新人は最初、素焼きのかけらに線をめいっぱい引くところから修行が始まる。陶磁器のもとになる素焼きは絵の具を吸収するので、それに慣れることが必要になるからである。それから簡単な絵からはじめて、徐々に難しい絵に移行させるという育成段階があるそうである。その段階の判断、次の段階にあげるか、まだまだ今の段階で修行させるかは現場のベテランが判断する。やはり一人前になるには一〇年はかかるそうである。

源右衛門窯では、「有田焼らしさ（有田焼の様式）」と「源右衛門窯らしさ」を「型」として体得する必要がある（日本ナレッジ・マネジメント学会、二〇〇八）。「有田焼らしさ」は古来より受け継がれている中国的な様式で、線が引けるようになった新人はまず古来からの作品に用いられているモチーフ（中国的な図柄：家や花、人物など）を用いることができる。たとえば梅文様などの簡単な絵が描けるようになれば、それだけを練習用の陶片や陶磁器ではなく、製品の中に描いていくことができる。そして徐々にレベルを上げていく、という実践的な育成方法がとられている。一人前の基準として源右衛門窯では、「規定演技をきっちりこなす」ということがいわれている。つくり出すのは作品ではなく製品であり、そのデザインに応じてしっかり絵付けをしていく必要がある。作家の作品であれば、作家が好きに描けばいいので他の人のことは気にせずともよいが、分業が進んでいる工房では、自分一人が変えるわけにはいかず、そこには形とか下絵など、おのずと制約が生じる。その制約こそが「場」のもたらす、状況に埋め込まれた技能であるといえる。先輩方が描いた文様や線は、自分のレベルと比べて高いのかどうなのか、そしてそのレベルを落とさないように自分の絵付けをしなくてはならない。何もないところに自分の絵や線を描くのではなく、協働で描くからこそ、常に自分のレベルを確認しながら、身近なところで目標を立てて技能を磨くことができるのである。これが窯元という疑似家族集団で学ぶ「場」のメリットであるといえる。

一つの文様から多彩なモチーフが描けるようになると、源右衛門窯の中でも戦力として認められるようになるが、職人として高いレベルに達するにはむしろここからが重要なのである。ぐんと伸びていく人がいたり、なかなか伸びない人がいたり、遅れて伸びる人がいたりする、それをうまく見つけてやるのが上司やベテランの仕事である。一つの指標として「元気な絵」であるが、細かい分業の中でそれを見極めるのはわかりにくく、常に目配りをする必要がある。

一般のイメージでは陶磁器職人は自分なりの個性を持った作品をつくるというものがあるかもしれない。しかしそれは必ずしも正しくなく、新人も最初は「規定の演技」をこなすだけで精一杯で、その人の個性が出るのはそれから後の話である。新人は「こういう絵を描いてみたい」というのがそのうちできてくるようであるが、それはファッション等でいわれる個性の主張というのではなく、源右衛門の図柄の中で、好きになる図柄があるらしく、それを究めていくというイメージの方が近いのである。この段階でも「場」を活用した学習は生かされている。先輩の職人の中でも得意・不得意分野があったり、もう既に個人で作家活動をしている職人もいたりと、新人にとってどのような目標を持てばよいか、どのようなキャリアを描けばよいのかという具体的なモデルをたくさん見ることができる。企業でもそうであるが、われわれは「こういう能力を身につけたい」と思って学習しようとしても、強いモティベーションを持つことは難しいものである。それよりも「あの人のようになりたい」「このような職人になりたい」という具体的なロールモデル（もしくはそれに基づいたイメージ）を持てたときに、強いモティベーションを持って学習することができる。生田（一九八七）および加護野（二〇〇七）にも共通する「場」を活用した学習の強みはこの「集団のダイナミズムと相互作用」をうまく学習のエネルギーに変えることができる点なのである。

窯元・作家間の「場」の活用
――萩陶芸家協会と備前焼陶友会を中心に

前節では、窯元内での「場」の活用を人材育成などの点から事例を紹介した。本節では、窯元や作家の間での「場」の活用について紹介することにしよう。窯元・作家の間には、前節で見るような窯元内という共通した場が存在しない。もっというと競争相手・ライバル同士である。しかし、このような関係にあっても知識を習得する発見する場の事例が陶磁器産業には見られる。その第一が古くから存在した共同の大規模登り窯である。第二は、陶芸家同士の同業者組合である。第三は、作家間ではないが、顧客との対話の場である。以下ではこれらの「場」について説明することにする。

「場」としての共同の大規模登り窯

焼き物は、陶土をつくる。成形する。絵付けをする。焼成する。という段階がある。この段階のうち、焼成することについては大変な時間がかかる上に多くの手が必要であったし、一カ所に限定されていたということがある。その存在が共同の大規模登り窯である。共同の大規模登り窯では、各窯元や作家が自身で制作した陶磁器を持ち込んで焼成する。このような大規模登り窯は京都、備前、萩、有田・伊万里などほとんどの陶磁器産地において見られる。京都では、このような大規模登り窯という道具を軸とした窯元・作家間の場があったとされている。そこでは、「京風」とは何かを批評する場であったといわれている。その他の産地では、焼成技術の習得に共同窯が大きな役割を果たす場であった。間接的な意味合いでいうと、各窯元・作家が自分の商品を持ち込むことから、他の窯元・作家の作品を焼成以前に見る機会であったことも共同窯が知識共有・知識発見の場として機能していたと考えられる。近代になると、小規模のガス窯、電気窯等個人でも使える窯が製作され、それが普及していく。このような窯の技術変化は数多くの個人作家を生み出すという意味では陶磁器産業にとっては大きな役割を果たしている。しかし、場としての共同窯が失われてきたために各作家間での交流が損なわれてきたことを憂う作家もいることが共同の大規模登り窯の有効性を示している。各産地ではこのような状況から共同の大規模登り窯を復活させようとする動きも出てきている。

「場」としての同業者組合

古くから大規模登り窯が「場」として機能していたことについては説明した。しかし、現在の陶磁器産業において窯元・作家間の場は産地間競争を勝ち抜くためである。橋野（二〇〇七）などが示唆しているように、競争主体としての産地は、①同業者組合、②学校（職業訓練校）、③工業試験場等の公的機関を持ち、それを通じて、他産地と競争する。例えば、有田・伊万里地区であれば、四つ以上の同業者組合（生産者組合と販売組合等）を持ち、学校も、有田工業高校、有田窯業大学を持ち、試験場として、有田窯業試験場、窯業技術センターを持っている。このような状況は瀬戸、美濃、京都、備前などの他産地でも同様である。そして、このような公的機関は、窯元・作家が交流する場を提供しているのである。

公的機関のうち最も重要なのが同業者組合である。同業者組合には大きく二つに分類される。一つは窯元・陶芸家などの生産者の組合である。これは、作品を制作する技術交流などを中心にしたものである。もう一つは商社・問屋などを含めた販売組合である。これは、産地として作品を販売するための共同組織で、産地の最寄り駅などである販売センターなどを運営することを中心とする。この両方の役割を果たす組合もあるが、その力点の違いが各産地での同業者組合には見られる。

そこで次にこの点を萩産地の萩陶芸家協会と備前産地で備前焼陶友会との比較で見ていくことにする。

萩での同業者組合―萩陶芸家協会のケース

萩焼は他産地と同様に豊臣秀吉の朝鮮出兵の際に朝鮮陶工（陶工李勺光、李敬の兄弟）を連れ帰ってきたことから始まる。萩藩では連れ帰ってきた朝鮮陶工に当時重視されてきた茶道具、特に井戸茶碗など抹茶碗を焼かせることに力を入れた。そのことが現在においても茶道具の産地としての萩焼を特徴づけることにつながっていき、一楽二萩三唐津として位置づけられるほど茶陶産地として重視され、現在の萩焼のブランド力の基礎となっているのである。

ここで萩焼としているが、萩焼には大きく三つの地区がある。第一は、萩市松本の松本萩である。松本萩は御用窯として茶道具を中心として発展してきた。その代表的な窯元が三輪窯（一二代三輪休雪）、坂窯（坂高麗左衛門）等である。第二は、現在の長門市深川湯本にある深川萩である。深川萩は「自分の窯用のものを制作できる」ということから半官半民の民窯の特徴を持ちながら発展してきた。その代表的な窯元・作家が、新庄助右衛門窯（一四代新庄貞嗣）、田原陶兵衛工房（一三代田原陶兵衛）、坂倉新兵衛窯（一五代坂倉新兵衛）、坂田泥華窯等である。第三は明治以降に大和作太郎が創業した山口市の宮野焼（松緑焼）で、以後一族の窯が増え続けて、現在では山口萩焼として定着している。これらの地区は前述の流れを受けて発展してきたが、もうひとつ重要な流れがある。それは江戸時代後期庶民の陶磁器需要に応えるために肥前地区から磁器生産に対応した窯元を萩市小畑に移入した流れである。幕末にはあまりうまくいかず萩の磁器生産はなくなった。しかし、現在も小畑地区には萩焼を代表する窯元がある。萩陶芸家協会の副会長である八代岡田裕氏の岡田窯、同理事である兼田昌尚氏の天龍山《てんちょうざん》窯、同理事である八代兼田佳炎氏の勝景庵窯等である。

喜田（二〇一〇）では、萩地区を陶磁器産地として位置づけることに特徴的な点があることが明らかになった。それは、前述した通り、各産地では公的機関が数多く存在するが、しかし、萩においては、同業者組合として、「萩陶芸家協会」は存在するが、他産地では必ずある販売組合（販売センター）が存在しない。また、陶芸家（芸術家）を中心とするために、教育の場は産地内の窯元に依存しており、それ故、萩においては、陶芸技術を学ぶ職業訓練校が存在しない。その上で、産地に存在する技術、技法を保存し、その活用を促す技術センターが存在しない。つまり、萩産地は産地として競争するために必要とされる公的機関があまり存在しないのである。この点は、茶陶市場の個別性を反映し、茶陶の中心の一つであるという歴史的経緯がその原因であると考えられる。これが、萩陶芸家協会の場としての特徴づける結果になっている。

ここで萩陶芸家協会の概要を説明することにする。萩陶芸家協会は人間国宝である一二代三輪休雪氏を会長に会員数約一三〇名を数え、賛助会員もいる。その設立目的は「会員相互の親睦及び陶芸の活性化、後継者の育成、地域文化の向上に寄与すること等」とされている。具体的な活動としては、勉強会、講演会が中心である。そのテーマとしては、美術関係者を招待し、アート＝芸術の中で陶芸をどのように位置づけられるのか、現在のアートシーンの動向を明らかにすることというように、萩焼の美術・芸術志向をより色濃く特徴づけることになる。また、他の伝統産業（漆、日本酒など）とのコラボレーションの企画も行い、萩焼の活性化を行っている。もちろん陶芸に関する勉強会（焼成、釉薬、陶土に関して）も行われている。このように萩陶芸家協会ではまず知識を習得する勉強会を中心とする傾向がある。その上で、若手の作家を中心に発表の機会を与えることや萩焼のアピールのために年二回以上の展覧会を行っている。展覧会は、他人の作品を見ることによって自身の作風などに刺激になると数多くの作家は述べている。しかも、萩陶芸家協会は他産地（韓国作家、薩摩等）との共同開催を行っている。このような交流は萩焼をアピールするだけではなく、作家の作風の刺激となると思われる。

萩陶芸家協会独自の活動としては、まず第一に萩焼の陶芸家を明確にすることと萩焼作家をアピールするために、『萩の陶芸家たち』（新日本教育図書）を編集・出版したことである。第二は、後継者育成と萩焼を知ってもらうという目的のために、『萩陶芸大リーグ』という活動を行ったことである。これは、会員の窯元に全国から若者を参加させ、窯元の職場を経験するというものである。第三に、通常、伝統産業法（伝統的工芸品産業の振興に関する法律）の指定は、ある窯元、販売組合等の認定がほとんどなのであるが、陶芸家協会で認定されていることである。

このように萩陶芸家協会は、知識習得を中心とする勉強会を軸にし、ある意味ではビジネス志

写真 4-1　備前販売センター

向がない、つまりほとんどの産地において同業者組合が販売組合であるのに対して、それとは異なることが分かる。それには、ビジネス志向（例えば、産地指定のシールを作る、共同展覧会を行う等）であると、会の存続自体が危ぶまれることや、萩焼を芸術にしようとする考えが基礎にある。もちろん販売センターの運営も行っていないのも、この延長線上にあると考えられる。つまり、萩陶芸家協会は作家たちの陶芸に対する考え方や知識習得の場を提供することを中心にしているといえる。

備前での同業者組合——共同組合備前焼陶友会のケース

備前焼は須恵器をその源流として持つ日本の六古窯の一つである。須恵器を源流として持つことと、伊部（備前）の田土（たづち、田んぼの土）の特性から釉薬をかけず、登り窯を用いて約二週間も焼締める陶器を中心とし、現代もその特徴が続いている。このような特徴は、他の産地が釉薬を用いた陶器を生産する方向とは別の道を歩むことになり、備前は独立独歩の大窯と呼ばれることになる（矢部、一九九四、二〇〇一）。室町末期には日本の陶磁器産業を常滑と二分し、備前に企業性を持つ産地として位置づけられていた。そのころ備前において六姓（大饗《おおあえ》、金重、木村、寺見、頓宮《とんぐう》、森の各氏）が成立した。これらの家は後の備前産地に大きな影響を持つことになる。興味深いことに、このころから職人が自分がつくったことを示す陶印を用いている。この点は、備前が個人作家を生み出した風土の一部として考えられている（矢部、一九九四）。桃山時代でも日常品を大量生産していたのであるが、豊臣秀吉の時代に詫び数奇に位置づけられ、茶道具をつくるようになる。このような歴史的経緯から、個人作家を生み出す、茶道具（茶碗と花器が中心）をつくる、日本で唯一の無釉陶器（焼締め陶器）等の特徴を持ち、現在約四〇〇人もの作家を持つ一大産地となっているのである。また、焼き物ファンの多くが備前ファンであるということもその特徴であるともされている。このような備前では五人の人間国宝（金重陶陽氏、山本陶秀氏、藤原啓氏、藤原雄氏、伊勢崎淳氏）を生み出し、その他の産地と比較しても美術的・芸術的に大きな評価を得ている。

このように長い歴史を持ち、個人作家を多く持つ備前では、四つの同業者組合がある。最大の会員数を持つ共同組合備前焼陶友会（以下備前焼陶友会）、備前産地の訓練校である備前陶芸センターの終了者とOBの会である備前育陶会、人間国宝の山本陶秀氏、息子の山本雄一氏の弟子もしくは先生が起業した備州窯出身者で構成される備芸会（会長今井清秀氏）、若手作家を中心とする備前陶心会である。

これらの同業者組合はそのほかの産地と同様に共同販売事業を中心に活動を行っている。共同販売事業では、販売センターでの組合員による展覧会、主要都市での展示即売会、グループ展、等が中心になっている。もちろん組合員同士の親睦・交流もその活動の中心となっている。なお、陶友会は公式的な団体で、残りの三つ（備前育陶会、備芸会、備前陶心会）は非公式的な団体である。また多数の非公式的な団体（藤原和氏が主宰する勉強会等）があることも産地内の活性化には機能している。

作家側からすると、備前焼陶友会を中心にいくつかの同業者組合を組み合わせて入会しており、自分の作風や活動に即した使い分けをしていると考えられる。それには自身の経歴が影響することになる。陶芸作家になるのには、陶芸センターなどの訓練校に入るか、その地区の窯元に入門するのが普通である。備前の場合、訓練校である備前陶芸センター出身者は育陶会に属する。その地区の窯元として山本氏および備州窯に入門すると備芸会に属する。その他の窯元（金重、藤原、伊勢崎等）の出身者は、作家として独立すると、若手中心のグループである陶心会に属し、やがては備前焼陶友会というようにである。

そこで、ここでは備前焼陶友会について見てみることにする。備前焼陶友会は会員数一九八名となっており、窯元と作家、陶商がともに所属していることが特徴である。ただし、会長は作家・窯元からではなく、実業界や行政から選出されてきた。この点が、芸術よりビジネスに力点を置くには都合がよかったと考えられる。そして、その事業内容は、①共同販売事業（組合員による作品展、チャリティ展、備前焼まつり、年数十回東京をはじめ全国の主要都市で展示即売会等）、②原土・燃料共同購入事業、③ＰＲ渉外事業（パンフレット、組合員名簿および案内図の作成配布）、④自主研修事業（研修会、他産地視察）、⑤伝統的工芸品産地振興計画事業（後継者の育成、組合員研修会、需要の開拓、伝統工芸士認定、功労者褒賞、福利厚生、など）、⑥備前焼に使用する陶土の開発研究（県備前陶芸センターへの委託）等であるが、これら他の産地でも行っていると考えられる。しかし、他産地で行っている産地を示すシールを配布する事業（いわゆるシール事業）を行っていない。この事業は販売組合等にとっては大きな収益源になるのであるが、備前焼という焼き物の特性からシールによって示すことは必要ないと考えているからである。

独自の活動としては、財団法人岡山県陶芸美術館を設置運営し、そこでは、古備前の鑑定なども行っている。また伊部駅と一体化した形で備前焼伝統産業会館が建設され、組合の事務局、常設展示場（販売センター）、研修室などを運営している。このような販売活動を中心とした組合活動として羽田（二〇〇三）では、産地の中でトップクラスに入るとされている。場として備前焼陶友会を見てみると、展覧会、グループ展などにおいては作家間の作品をお互いに鑑賞するという意味では知識発展に役立っていると考えられる。また、各同業者組合で行っている研修室などを用いてろくろ、焼成技術等がその場として機能するということもある。

ここまで二つの産地の同業者組合について説明したが、萩陶芸家協会はビジネスに直結する場というよりは芸術活動の一環として場が発展してきた。一方、備前での同業者組合は萩のそれとは異なり、ビジネスに力点を置いているといえる。以上同業者組合について説明したが、ある師に弟子入りすることから、ある一つの場が形成されるということを少し説明したい。その場はある種の学会のようなものでその中での切磋琢磨が見られるし、自身の作品に対する批評の場にもなるのである。その具体的な事例は前述した備芸会がそれにあたる。また、同様の場は作家活動の活発な京都においても見られる。京都では、誰の弟子であったということがその後の属する団体に直結するとされている。

顧客との場――展覧会、個展、自家小売（窯元内ギャラリー）の場で――

前述した通り、展覧会は作家間の場として機能する。しかし、個々人で活動している作家からすると最も知識発展・新商品開発に役に立つのは、個展や窯元内でのギャラリーで接する顧客との対話という場であることを多くの作家が指摘する。陶磁器は確かに日用品という側面も持つが、嗜好品として、芸術品としての側面を強く持つ。それ故、ある作家の個展に行く客はその作家のファンであり固定客であることが多いのである。ましてや産地まで出向き、窯元内でのギャラリーまで足を運ぶ客はもっと熱心なファンであり、長期間にわたる固定客である。今回研究の

写真 4-2　大川内山

中心にしている備前と萩ではほとんどが固定客を対象にしている。その固定客である客からの作品に対する指摘や批評、もしくはたあいのない世間話から、自身の作品についてのヒントを得ることができるから、個展を開き、自家小売、窯元内のギャラリーを整備したということをいう作家がいるのである。嗜好品、芸術品であるために、消費者（購買者）の意向を顧客との対話の場で、生産者である窯元・作家の知識獲得に大きな影響を及ぼすのである。こうした点は古くは芸術論の世界でも議論されているし、最近では消費者主導のイノベーションを示唆する研究も出てきていることから嗜好の多様化、消費の個人化が進んだ経済では、顧客との対話の場ということを重視する必要がある（Hippel, 2005）。そして、この点が実践共同体と「場」

とを区別する理由となると考えられるのである。

場としての産地

陶磁器産業での場の活用方法を述べたが、最後にもう少し広い概念である産地がここの知識習得の場になっている可能性を示すことにする。産地は各公的機関（訓練校、同業者組合、技術センター等）によって、伝統的な技法を維持している。伝統的工芸品産業の振興に関する法律（伝産法）の指定後、産地はある一つの伝統技法の維持を決めることになる。伊万里・有田では、色絵磁器および磁器のろくろ成形、萩では萩焼に関する諸技法、備前では焼締め等に関する技法などがである。これらはその地区の土着性と関連し、そこ離れることはその技法を捨てることと同じである。つまり、産地内でこのような技法を知識として蓄積しており、それを習得する場が産地という存在なのかもしれない。例えば、有田では、磁器のろくろ成形のアルバイトがいる。また、備前では、ある窯元の焼成の手伝いに駆り出されることもある。これらの活動はすべて個人の知識習得の場として機能するのであるが、それは産地という場の役割であると考えられる。

おわりに

本章では、伝統産業の一つである陶磁器産業で、どのように「場」が活用されているのかを明らかにしてきた。まずはじめに、伝統産業でのスキル形成や技能伝承でどのように「場」が議論されているのかまとめた。そこでは、スキル形成の議論から、「場」と「実践共同体」との区別を明らかにした。続いて、陶磁器産業の現在の姿を経営実態調査などで明らかにした。そこでは、この一〇年で大きな構造転換が起こったことや陶磁器産業に属する窯元、作家、企業の経営実態調査の結果を提示した。次に、窯元内にみられる「場」の活用事例を、「実践共同体」としてとらえて、有田の源右衛門窯の事例で具体的に明らかにした。そして、窯元・作家間の間にみられる「場」としての事例を検討した。そこでは、知識を習得し発見する場が見られる。最後に、場としての産地を取り上げた。こうした議論を通じて、「場」と「実践共同体」概念をより明確にすることができたと考えている。

注

本章「陶磁器産業の現在」「窯元・作家間の「場」の活用」は喜田昌樹が、「伝統産業における「場」の活用」「窯元内における「場」の活用」は松本雄一が執筆担当した。

参考文献

荒木淳子、二〇〇九「企業で働く個人のキャリアの確立を促す実践共同体のあり方に関する質的研究」『日本教育工学会論文誌』Vol. 33, No. 2：一三一―一四二。

生田久美子、一九八七『「わざ」から知る』認知科学選書、東京大学出版会。

加護野忠男、二〇〇七「取引の文化―地域産業の制度的叡智」『国民経済雑誌』一九六巻一号：一〇九―一一八。

喜田昌樹、二〇一〇「日本の陶磁器産業における市場の多重性」『文化経済学』第七巻第二号：五三―六三。

橋野知子、二〇〇七『経済発展と産地・市場・制度―明治期絹織物業の進化とダイナミズム』ミネルバ書房。

羽田新、二〇〇三『焼き物の変化と窯元・作家―伝統工芸の現代化』御茶の水書房。

松本雄一、二〇〇九「『自治体マイスター制度』における技能伝承についての研究―『実践共同体』概念をてがかりに」『日本労務学会誌』Vol. 11, No. 1：四八―六一。

宮地英敏、二〇〇八『近代日本の陶磁企業―産業発展と生産組織の複層性』名古屋大学出版会。

矢部良明、一九九四『日本陶磁の1万二千年―渡来の技　独創の美』平凡社。

矢部良明、二〇〇一『古陶と現代陶を結ぶ琴線』双葉社。

Brown, J. S. and P. Duguid, 2000, *The Social Life of Information*, Harvard Business School Press（宮本喜一訳、二〇〇二『なぜＩＴは社会を変えないのか』日本経済新聞社）.

Buckman, R. H., 2004, *Building a Knowledge-driven Organization*, McGraw-Hill（日本ナレッジ・マネジメント学会翻訳委員会訳、二〇〇五『知識コミュニティにおける経営』シュプリンガー・フェアラーク）.

Hippel, Von E., 2005, *Democratizing Innovation*, MIT Press（石田浩・岩隈志文・石原昇他、サイコム・インターナショナル監訳、二〇〇六『民主化するイノベーションの時代―メーカー主導からの脱皮』ファーストプレス）.

Lave, J. and E. Wenger, 1991, *Situated Cognition: Legitimate Peripheral Participation*, Cambridge University Press（佐伯胖訳、一九九三『状況に埋め込まれた認知―正統的周辺参加』産業図書）.

Wenger, E., R. McDermott and W. M. Snyder, 2002, *Cultivating Communities of Practice*, Harvard Business School Press（野村恭彦監修、櫻井祐子訳、二〇〇二『コミュニティ・オブ・プラクティス――ナレッジ社会の新たな知識形態の実践』翔泳社）.

第5章

二一世紀型セミナーとソーシャルテレビ型バックチャネルによる集合知の活用

山崎秀夫

はじめに

テレビのデジタル化が促進するソーシャルテレビ

わが国でも東日本大震災による一部の被災地を除いて、二〇一一年七月二四日テレビの完全デジタル移行が行われた。その結果、テレビの完全デジタル化である地デジ実施後はわが国においてもテレビ視聴に確実に変化が訪れつつある。テレビの視聴がインターネットを介した仮想の共同視聴へと変化し、ソーシャルテレビと呼ばれるものもその一つである。ナレッジ・マネジメントの面から見ればソーシャルテレビは、大学の授業や企業のセミナーなどを対象としたものも含む、二一世紀型の新たなナレッジ・マネジメントの一形態といえる。

本章ではソーシャルテレビがつくり出す新しい場と方法論（バックチャネル）について述べる。なお、本章において取り上げた事例は殆どがネットワークに接続されたパーソナルコンピュータを前提としたものであるが、地デジ実施後には国内でもモバイル機器や実際のテレビ上においてさえ同様の事態が起こりはじめている点を申し添える。

戦後民主社会を形成したアナログテレビ

戦後の日本人は決まった時間に配信されるテレビ番組を受身で視聴し、その結果、組織に従順な規律型、同質型人材として育成されたという見方がメディア論の一部に存在する。それによれば戦後の平和で民主的な社会はテレビによってもたらされ、維持されたという見方である。戦後[1]の大量生産と大量消費社会時代には、テレビに関わるコミュニケーションの様式は「情報の一斉バラ撒きが先、会話が後の社会」であったということができる。例えばNHKの大河ドラマの放送を見逃した視聴者は翌日のオフィスや学校での仲間の会話に参加できない。同じ情報が決まった時間に一斉に放送される方式のいわば規律型のコミュニケーションは、企業に相応しい従順な同質型の人材を大量につくり出し、金太郎飴型の人材が高品質な同質の製品をつくり出すといった一九八〇年代の工業化社会における勝ち組経済をわが国にもたらしたと考えられる。

多様性、自律型人材の育成、多彩な創造性が求められる知識社会

しかし二一世紀には地デジ移行によりアナログ型のテレビが消え、テレビがインターネットと一体化するスマートテレビ（インターネット接続テレビ）の時代が始まり、様相が全く異なってきた。メディアに関わるコミュニケーションの形式は「気の合った仲間との会話が先であり、その結果、視聴すべき番組などが選ばれ」だしたのである。これは明らかにインターネット文化で[2]あり、二一世紀を迎えてインターネットが次第に普及する中でWeb2・0と呼ばれるインターネットの第二の波が起こったという背景がある。知識社会と対応したインターネットの第二の波ではブランドや専門家などの権威はあまり重視されない。むしろ気の合った仲間との会話が行動上の意思決定において重視される。

この自律型、社交型の視聴態度は単にテレビの番組視聴だけではなく、すべてのものの選択（消費志向）に当てはまる。それを象徴するのは二〇〇八年のアメリカ大統領選挙で選ばれた民主党のオバマ大統領である。共和党との戦いよりも民主党の内部で激烈に戦われた二〇〇八年の大統領選挙はインターネットのメディアを駆使した激しい選挙戦となった。そして特にインターネット上でソーシャルネットワークのサービスを駆使したため、フェイスブック大統領選挙と呼ばれた。

自律型人材とソーシャルテレビ型ナレッジ・マネジメント

翌二〇〇九年一月の大統領就任式ではオバマ大統領はケーブルテレビのＣＮＮと共にインターネット上で生中継を行い、アメリカ社会では大変な反響が起こった。その後インターネットを活用した各種イベントのライブ中継は、政府機関にとどまらず、生活者や企業全般を巻き込んで広まった。人々は各種イベントのライブ中継にインターネット経由で参加し、コメントを投稿し、競って自己表現を行っている。これがソーシャルテレビと呼ばれる視聴形態である。大統領就任式の後は、ソーシャルテレビ方式がクラウドソーシング（集合知の活用）やバックチャネルの場などの新しいナレッジ・マネジメントと一体化し、様々な場面で活用されはじめている。

インターネットによる企業自主放送や視聴者の草の根放送で見られた仲間との視聴中の会話による視聴形式は、アメリカにおいてデジタル化実施後のテレビ放送にも飛び火した。これを授業やセミナーの放送に活用すると仮定すれば、新しい放送大学の姿や新しい企業セミナーの姿が見えてくる。

またデジタル化に移行しつつあるテレビとインターネットの情報を、アプリと呼ばれるソフトウエアによりテレビの上で一体表示する試みもテレビ側で進んでいる。これがスマートテレビである。二〇一〇年には前述したソーシャルテレビ型視聴がパソコン上だけではなくデジタルテレビやモバイル機器上でも展開されはじめた。こうしてソーシャルテレビ型視聴はスマートテレビと呼ばれるインターネットと一体化したテレビ上でも普及しつつある。

本章はソーシャルテレビに注目し、ソーシャルテレビと呼ばれる新しい動画の視聴形態が集合知やバックチャネルと呼ばれる新しい場と一体化し、二一世紀型のナレッジ・マネジメントの一つへと発展する新しい可能性に関して考察する。

ソーシャルテレビとは何か

テレビは現代の群れの焚き火

かつて狩猟採集時代、人々はバンドと呼ばれる群れをつくって暮らし、群れは焚き火を囲んで食事をしたり談笑し、それは同時に知識伝承を兼ねていた。それが工業社会における、家庭のお茶の間におけるテレビの共同視聴に発展した。家庭におけるテレビの共同視聴は、焚き火を囲んだ談笑に例えられる。そして二一世紀に入った頃、日本では街頭におけるパブリックビューイングが登場した。例えば二〇一〇年のＦＩＦＡワールドカップの際、六月一九日のオランダ対日本戦では国立霞ヶ丘競技場においてパブリックビューイングが実施されている。この時約五万人の参加者は、まるでゲームのキャラクターのように応援するチームのユニフォームに身を固めて遠く南アフリカで実施されている試合を応援していた。ＦＩＦＡワールドカップの放映権を持つスカイパーフェクＴＶが大画面に映像を提供した結果であった。

ソーシャルテレビの定義

ソーシャルテレビという言葉は既に国際的に使用されている学術用語である。例えばアメリカのＭＩＴにはソーシャルテレビの講座もある。ソーシャルテレビを端的に説明すればインターネットなど「ＩＣＴ技術に支えられた、ネットを介した映像の共同視聴」と定義できる。無論、ソーシャルテレビ論の中には物理的な共同視聴を含めるという考え方もある。しかし本章においてはソーシャルテレビの定義は、インターネットを介した映像の共同視聴とする。このソーシャルテレビ上で創造され、共有される、多様な集合知やバックチャネルと呼ばれる新しい場や用語に関しては後述する。

ソーシャルテレビはローコンテキストな共同視聴

パブリックビューイングとソーシャルテレビの違いは、ソーシャルテレビはICT技術に支えられたテレビの仮想形式での共同視聴を意味する一方、パブリックビューイングは物理的なテレビの共同視聴である点である。テレビの仮想形式での共同視聴とはインターネットを活用することにより「距離の離れた参加者の間での心理的な空間を共有することによる共同視聴」が実現するという意味である。多くの場合、参加者は見知らぬ人々により構成される。その結果、参加者はお互いの会話を、個々の過去の物理的な経験などのコンテキストを元に理解することになる。家庭の団欒による物理的なテレビの共同視聴がハイコンテキストという特徴があるとすれば、インターネットを介したソーシャルテレビは、比較相対的にローコンテキストな共同視聴と考えることができよう。

ソーシャルテレビ登場の経緯

ソーシャルテレビの元型をつくり上げたオバマ政権

二〇〇八年のアメリカ大統領選挙はソーシャルネットワーク・サービスの一つであるフェイスブックを駆使した民主党候補であるオバマ氏が勝利した。アメリカ初の黒人大統領である。

オバマ陣営はフェイスブックをはじめとしてツイッターと呼ばれるＳＮＳ（社交サイト）や動画投稿サイトのＹｏｕＴｕｂｅ、インターネットライブ中継用のＵＳＴＲＥＡＭなどソーシャルメディアと呼ばれるインターネットの仕組みを駆使した。それにより一種の草の根運動である「ネットを介したコミュニティ運動」を立ち上げ、大統領選挙に勝利した。その総仕上げの演出が先に述べた二〇〇九年一月に行われた大統領就任式であった。

オバマ政権は大手のテレビ局などに依頼して大統領就任式をテレビだけではなく、インターネットにおいてもライブ中継の実施を促した。実に草の根型の民主主義を基本とするオバマ政権らしいやり方だと考えられる。実際、多くのテレビ局がライブ中継を実施したが、オバマ政権の目論見にぴたりと当てはまったのが、ニュースチャンネルのＣＮＮ放送とＳＮＳのフェイスブックが組んで実現したソーシャルテレビ型の放映であった。ＣＮＮがインターネット放映する横に社交サイトのフェイスブック参加者が、思い思いにコメントを投稿し、表示する方式である。この取り組みは大成功を収め、多くのアメリカ国民が視聴中に短いコメントを投稿し、同時視聴者数は一三〇〇万人に達した。多い時には一分当たり八〇〇〇個の投稿があったといわれている。また延べ二一三〇万人を超える国民がインターネットでのライブ中継見ていた。オバマ政権はこれを一種の直接民主主義的なタウンミーティングと考えた。そしてこのＣＮＮ放送とＳＮＳのフェースブックが組んで実現したソーシャルテレビの方式がソーシャルテレビの元型となった。

このオバマ大統領就任式におけるインターネット上でのライブ放送とタウンミーティング形式の組み合わせはアメリカ社会に大きな衝撃を与えた。

ソーシャルテレビのアメリカ社会への定着

オバマ大統領の就任式から約半年後、著名なアメリカ人歌手マイケル・ジャクソン氏の葬儀がとり行われた。この時にはＣＮＮだけではなくアメリカのＣＢＳ、ＮＢＣ、ＡＢＣなど大手の地上波はこぞってインターネット上でソーシャルテレビ形式による葬儀の中継を行った。そしてこのジャクソン氏の葬儀のライブ中継により、ソーシャルテレビはアメリカの社会に完全に定着するに至った。

また葬儀の前月の六月にはアメリカ最大のＣＢＳ放送が、インターネットライブ中継のトップ企業ＵＳＴＲＥＡＭと毎日のイブニングニュース放映や緊急ニュースの放映で業務提携を行っている。非常に興味深い点は、オバマ大統領の就任式が二〇一〇年一月であり、ジャクソン氏の葬儀が七月である点である。この時期は二〇一〇年二月から六月までの同国におけるテレビの完全デジタル移行の時期とぴったり重なっている。

企業によるソーシャルテレビの活用をリードしたホワイトハウス――

アメリカでは二〇〇九年の秋ごろから多くの企業がＵＳＴＲＥＡＭなどソーシャルテレビの仕組みを活用して自社の商品展示会や発表会、講演会やセミナーなどを物理的な世界で開催すると同時に世界市場に向けてライブ中継しはじめた。この動きに火をつけたのはやはりオバマ政権のホワイトハウスであった。オバマ政権は政府関係の各種の委員会や公聴会を次々とインターネット上でライブ中継している。そしてホワイトハウスのＷｅｂサイトの活用と同時にＳＮＳフェイスブック上でもライブ中継が実施されている。時には同時にＹｏｕＴｕｂｅを活用する事もある。このタウンミーティング方式のライブ中継はアメリカ企業のマーケティングの生きた見本となり、それに大きな影響を与えた。

一般企業による活用と活用事例

オラクルはデータベース製品などで有名なアメリカのソフトウエア企業である。オラクルは毎年、世界中からユーザー企業を招いた製品発表会、オラクルオープンワールドを実施している。二〇一〇年一〇月サンフランシスコで実施されたオラクルオープンワールドはインターネットを活用して全世界にライブ中継された。オラクルの製品はデータベースソフトウエアなど一般企業用の製品であり、消費財ではない。いわゆるB2Bと呼ばれるビジネス顧客が主体である。従って一般生活者主体のフェイスブックやツイッターが有効とは一見思われない。他方各企業で予算の決定権を持つキーマンは多忙なことが多く、わざわざサンフランシスコまで出向く暇がない。そこでオラクルは、製品の展示会やセミナーなどを世界中にライブ中継した。オラクルオープンワールドのインターネットライブ中継には一般ITエンジニアの参加者が多数を占め、彼らの多くはツイッターやフェイスブックから多数のコメントを投稿した。オラクルにしてみれば企業内の一般ITエンジニアのファンを増やすことは自社製品の販売促進にも繋がることから、歓迎すべきことであった。

同様な試みは、二〇一〇年一月にラスベガスで行われたアメリカ国際家電見本市においてインテルやソニーなどがライブ中継を実施している。また二〇一〇年六月にはＩＴ系企業のシスコシステムズがオラクルと同様ライブ中継を実施した。こうしてホワイトハウスが先導したインターネットを活用したソーシャルテレビは、一年足らずの間にアメリカ国内だけではなく全世界に普及した。

日本国内で注目された民主党政権の事業仕分け事例

日本におけるソーシャルテレビの活用は意外と早くからはじまっている。日本のニコニコ動画運営企業ドワンゴは二〇〇八年一二月、一般参加者が自由にライブ中継を実施でき、視聴者がコメント投稿できるＵＳＴＲＥＡＭによく似たユーザー放送を開始している。このサービスは当初、企業よりも一般政治家や一般生活者が多く活用した。このサービスが海外から来たサービスであるＵＳＴＲＥＡＭと相まって国内企業に本格的に注目されはじめるのは、二〇〇九年一一月から二〇一〇年六月にかけての民主党政権による事業仕分けの頃からである。

民主党政権による事業仕分けは二〇〇九年一一月に第一回が実施された後、二〇一〇年四月の独立行政法人対象、五月の公益法人対象を加えて合計三回実施された。この中でツイッターからのコメント投稿と共に事業仕分けそのものがインターネットでライブ中継された。第一回は政府が直接、ライブ中継を実施し、(4) ニコニコ生放送とＵＳＴＲＥＡＭを活用した一部企業も別途ライブ中継を実施した。その後の二回はライブ中継を民間企業に委託して実施した為、民間のサービス企業五社が政府公認のライブ中継を実施した。この事業仕分けのライブ中継とツイッターによるコメント投稿が日本企業によるソーシャルテレビ活用に火をつけたと考えられる。そして二〇一〇年二月に発表された、ソフトバンクによるアメリカのサービス企業ＵＳＴＲＥＡＭへの資本参加と業務提携が、国内のソーシャルテレビブームに油を注いだ。この動きにまずＩＴ系を中心とするベンチャー企業が飛びつき、折からのツイッターブームと相まって一挙にインターネットによるライブ中継ブームが起こった。

一方、この動きは伝統企業の側にはゆっくりと、しかし確実に浸透している。伝統的な日本企業によるソーシャルテレビ活用で注目すべきは二〇一〇年二月、ソフトバンクによる四半期決算発表会のライブ中継、そして二〇一〇年六月のソニーおよび日産自動車による決算発表会のライブ中継である。また二〇一〇年一月の東京オートサロンにおける日産自動車による新車発表会中継、トヨタ自動車による仮想空間を活用した講演などのインタネットライブ中継もその先駆け的な活用は注目に値する。二〇一〇年二月には青森県庁がＷｅｂマーケティングセミナーのライブ中継を実施し、フォルクスワーゲンが国内で新車発表会をＵＳＴＲＥＡＭでライブ中継している。こうして生活者やベンチャー企業だけではなく、国内の伝統企業においてもソーシャルテレビは二〇一〇年に普及した。

場づくりと知識共有を進めるバックチャネル

集合知とは何か

二〇世紀の工業社会型ナレッジ・マネジメント[5]においては、企業内の営業や製造など文化の異なる部門における社員の交流が引き起こす文化的摩擦と、それが引き起こすカオスによる創発性を活用して新たな製品開発を実施するという方向性が示されていた。この組織的な手法が手の技による刷り合わせ型生産による高品質な同質的商品を大量生産・大量消費する工業化社会においては非常に有効な手法だったと考えられる。

しかし、インターネットを推進力とするグローバル化と、社会の液状化と呼ばれるスピード変化に特長づけられる二一世紀の知識社会では、同一企業内で湧き上がる狭いアイデアだけでは俊敏かつ十分に変化に対応できないという見方が北米や欧州などをはじめグローバルに台頭している。また企業内の知識や創造性は企業が戦略的であればあるほど戦略による制約を受け、同調効果により多様なアイデア出しの方向に制約がかかるという仮説がある。同調効果は多様性という視点からは社員の問題意識を抑圧し、暗黙知の認知的発揮を一つの方向に向ける効果が働くと考えられる。例えば「全社一丸」となってなどの標語がそれにあたる。また社内の成功事例も強力な同調効果を生み出し、欠点として多様性を消し去る可能性がある。これは博士号を持つ社員が数百人いる日本の多くの有名企業が、グローバル競争においてビジネス面で遅れをとっているのを見れば明らかだろう。そして日本企業の得意な手の技（暗黙知の技術的側面）が働く実際の製品化のプロセスでは、改善などの目的のためには組織への同調性が強く求められる。とりわけ大組織の中では個人の潜在能力が閉ざされ、多様性が消える悪しき傾向がある。

一方インターネットを活用する二一世紀型の集合知と呼ばれる組織の外のアイデアや問題意識は、組織に制約された一定の方向性を持たないため、玉石混交であり、豊かな多様性を持つ特徴がある。そしてアメリカ製薬企業のイーライリリーなどはこの企業内では獲得できない膨大な多様性がもたらすアイデアに目をつけ、インターネットを介してそれらを発見し、組織内の知識と混ぜ合わせて活用を始めた。これが集合知の特徴である。

インターネットを経由した多様なアイデア（集合知）の活用法は、組織の外部の世界中の人々から多様なアイデアを求めるため、クラウドソーシングと呼ばれている。クラウドソーシングの事例としてはTシャツのデザインを広く募集し、売れ筋のTシャツをデザインした消費者には報酬で報いるスレッドレスコムなどがよく知られている。この発想で見ればアメリカのナレッジ・マネジメントは、再度、「自由、平等、博愛」といったスローガンにより、封建社会で埋れた個人の多様な潜在能力を開放し、産業革命など急激な生産性向上をもたらした初期市民社会の昔にフリーランス、個人事業主、小さな逆さまピラミッド組織などを中心とした自律型社会を建設することで、回帰しようとしている。封建社会は消えたが大組織の中において個人の潜在能力は眠っているという見方である。

次に授業やセミナーを、インターネットなどを介したテレビ放送形式で受講する場合の多様性と個人の潜在能力発揮に関して述べる。本章の主題であるソーシャルテレビがつくり出すバックチャネルと呼ばれる仮想の場においては、対面の組織内のアイデア出しのように自己開示の抑圧が働きにくいため、見ず知らずの参加者間で集合知を上手く活用する雰囲気＝場が自然に出来上がると考えられる。そしてこのような仮想の場におけるアイデア出しを上手く活用する手法にバックチャネルがある。

個人の潜在的可能性や多様性を引き出すバックチャネル

日本においてはNHKの番組を通して「白熱教室」と呼ばれるハーバード大学のマイケル・サンデル教授の討論型の授業が話題になった。このような講師と学生の間のやり取りはフロントチャネルと呼ばれている。

一方ソーシャルテレビのナレッジ・マネジメント上の効果を説明するにあたってバックチャネルという新しいコンセプトの説明が必要である。バックチャネルを一言で定義すれば、学校の授業中に行われるひそひそ話の事である。本来、大学の授業などにおいて私語はナレッジ・マネジメントの妨げになると考えられ、ひそひそ話は禁止されるべき、恥ずべき行為であった。しかし二一世紀の授業などでは、バックチャネルを高く評価する逆の考え方も登場している。実際、物理的な授業において二〇〇人の学生を授業に飽きないように出席させ、緊張させ続け、なおかつ優秀な成績を収めさせるのは大学の教員にとって大変な仕事である。

ダラスのテキサス大学でツイッターを活用して授業と議論を実施したアメリカ史のモニカ・ランキング博士はバックチャネルの効果に驚いている。三〇人を超す学生が同時にツイッターを活用して授業に対する意見を投稿したのである。現在では博士の授業中、学生はラップトップパソコンやスマートフォンを活用し、ツイッターを通して感想や質問を投稿することが奨励されている。情報機器を持っていない場合には授業のアシスタントに紙を回し、後でツイッターに代行入力してもらう仕組みも採用されている。これは物理的な授業の場にインターネットの仮想の場が重なった事例と考えられる。

また同国のパードウ大学の実験でも事情は同じであったと報告されている。[6] ツイッターを活用すれば質問などを恥ずかしがらずに行うことができるという訳である。その結果、学生の成績がよくなり、動機付けが向上し、見方が多様になったとの報告がなされた。

生産性を下げるはずのバックチャネルというおしゃべりが、逆に大学の授業における生産性を高めたのである。このような柔軟な発想が「入学試験でカンニングをした学生を警察に逮捕させるような頭の固いともいえる一部の日本の大学」にあるのかどうか非常に疑問であるが、グローバル時代の授業はこうした方向に向かいはじめている。

ツイッターのようなインターネットを活用したバックチャネルにおける効果は「お互いに顔が見えないことによる自己開示の活性化」など社会心理学で説明できる。

企業セミナーにおけるバックチャネルの活用

アメリカの一部の大学ではツイッターなどによるバックチャネルを活用した授業の生産性向上、動機付け強化による出席率向上などの試みが盛んに行われている。そしてバックチャネル活用の運動は自然に大学から学会、更に企業の実施するセミナーや講演会、新商品展示会などにも活用されはじめた。実際、欧米における企業主催の各種のビジネスミーティングは、セミナーなどの実施中にツイッターで感想を述べたり、質問を投稿することが奨励されている場合が多い。筆者も講師の講演実施中に白板の後ろに参加者の投稿がプロジェクターで表示され、滝のように流れる様子を何度も経験している。筆者の属するメタバース協会などでも過去ツイッターによるバックチャネルは既に恒常的に活用された。そしてセミナーの実施以前から一時的なものにせよ、永続的なものにせよバックチャネルを活用して参加者の学習のコミュニティを立ち上げる試みがしばしばなされている。学習のコミュニティが上手く機能すれば会話はクラスルームや講演会の中でも、前でも、後でも続く事例が報告されている。例えば二〇〇九年一一月に日本政府の実施した事業仕分けでは、バックチャネルのコミュニケーションが二ヵ月たっても続いていたと

図表5-1　バックチャネルとフロントチャネル

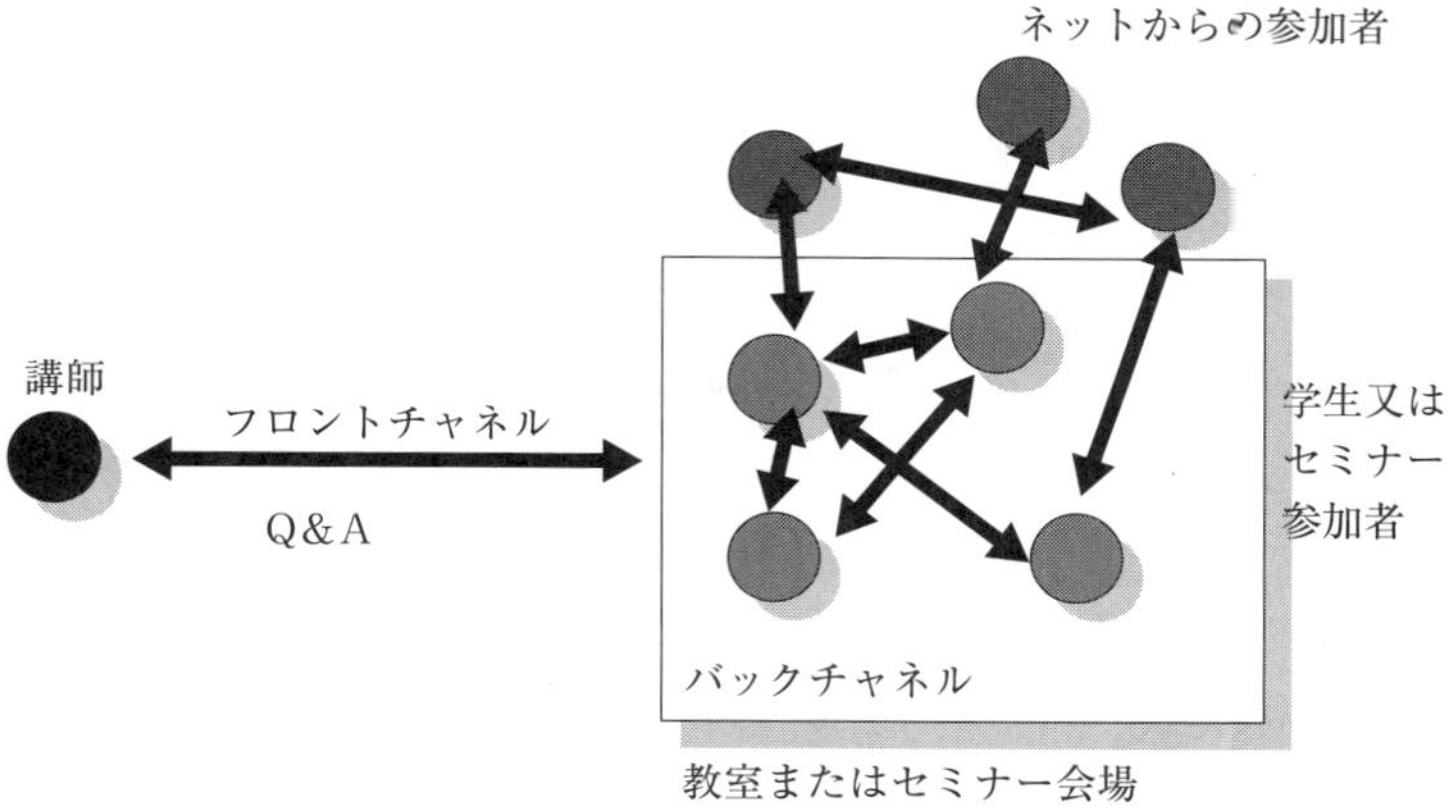

いう事例もある。

バックチャネルの仕組み

ここではバックチャネルの詳細な仕組みとナレッジ・マネジメント上の効果について説明する。実際、バックチャネルは自然発生的に立ち上がる非公式なものと主催する大学や企業が組織的に立ち上げる公式なものの二種類がある。現在のようなインターネットが発達した環境下では、非公式なバックチャネルは多くのセミナーなどでツイッターを活用して自然に立ち上がる状況が出来上がっていると考える方が違和感ない。ここでは企業主催で立ち上げる公式なバックチャネルの意味について考える（図表5-1）。

一般にバックチャネルには二つのチャネルがある。一つは縦のチャネルと呼ばれるものであり、もう一つは横のチャネルと呼ばれている。

横のチャネル

これはバックチャネルを活用した「学生同士の間でのコミュニケーション」または「企業セミナー参加者の間でのコミュニケーション」である。このインターネット上でのバックチャネルを活用すれば、教室や企業セミナーのどこに位置していても学生の間や企業セミナー参加者の間ではコミュニケーションが可能となる。通常、ツイッターを介したコミュニケーションは、携帯パソコンやタブレット型ＰＣ、スマートフォンなどによって自由な投稿が行われると共に投稿を誰もが読むことができるので非常にオープンなコミュニケーションが可能である。

縦のチャネル

これは学生から教師への質問と教師からの回答、同様に講演者と聴衆の間で行われる質疑応答のようなコミュニケーションである。企業セミナーや展示会などの場合には講師の他に別途、バックチャネルの為のファシリテーターを置き、質問はファシリテーターが受け付け、回答は講師により纏めて実施されることが多い。ツイッターなどを上手く活用すれば、授業や講演を妨げることなく質疑応答を実施できる。

バックチャネルのファシリテーター設置

公式なバックチャネルの立ち上げ時に検討しておくべきはファシリテーターの設置である。ファシリテーターは企業セミナーの内容の要約や視聴者からの質問を受け付け、それを講師に渡すなどの重要な役割がある。またバックチャネルの議論を前向きに進めるのもファシリテーターの役割である。欧米では場合によってはファシリテーターがツイッタータイムと呼ぶ意見投稿のための休憩時間を設ける事も一般的になりつつある。また大学の場合には授業アシスタントなどがファシリテーター役に就任することが多い。

ナレッジ・マネジメント上のバックチャネルの効果

通常、バックチャネルにおいては溢れるばかりの集合知が生産される。バックチャネルの定量的な効果は、それが可能であれば理解度テストなどで確かめることができる。しかし通常は次のような定性的な効果がもたらされる。

視聴者の情報吸収量の範囲の拡大

通常、セミナー参加者は「自らが関心を持っていない情報を与えられても反応しない」といわれる。これは社会心理学でいう「選択的注意」である。その結果、授業や企業セミナーなどでは参加者に関心がないが貴重な知識が学生や参加者に吸収されないまま、消え去るリスクが常に存在する。講師が大量の知識を準備し説明しても、視聴者がそれを吸収しなければ、全く知識の無駄であり、授業やセミナーへの参加そのものが時間の無駄である。これまでの授業やセミナーでは、こうして多くの知識が吸収されないまま捨てられてきた。バックチャネルによる他者との交流は、他者の発言により、提供された情報に対して気づきが発生し、参加者の幅広い関心を新たに喚起する。その結果、従来、捨てられてきた多くの知識の吸収量が増大する可能性がある。

視聴者の複眼思考の促進

また企業セミナーなどに対するものの見方は、参加者自らの経験と知識に縛られた単眼思考（参加者のコンテキストに由来するものの見方）が普通である。一方バックチャネルが上手く働けば、他者の投稿を読むことにより、発想や見方の幅が広がると考えられるため、単眼思考により見逃されていたいろいろな知識を吸収する事ができる。例えば他者の投稿により、同じ内容に対して別の視点を獲得することが可能である。その結果セミナーや講演会、授業に対する理解が深まると考えられる。こうしてインターネットを通した他者との交流により、視野が開ける可能性が出てくる。

ソーシャルテレビへのバックチャネル応用の仕組み

USTREAM上でのソーシャルテレビ視聴

セミナーの映像がまるで放送大学のようにインターネット上で生中継され、見ず知らずの多数の参加者が存在したとしたら一体、何が起こるだろうか。バックチャネルは物理的な授業やセミナーの場に重なっていた状態から離れてインターネットの場へと飛び出す。また様々な背景を持つ見ず知らずの人々が参加するため、ローコンテキストなバックチャネルが登場する。そうなればバックチャネルで飛び交うアイデアは多様性を持った知識で溢れる。これがソーシャルテレビ上で実現されるバックチャネルであり、集合知の生産である。

現在、日本国内でUSTREAMと呼ばれるアメリカ生まれのサービスが流行している。USTREAMはインターネットを活用してライブ中継を実施するサービスである。USTREAMは、国内のソフトバンクの子会社であるTVバンクなどとソフトバンクとUSTREAM社の合併企業であり、日本ではUSTREAMアジアがサービスを提供している。USTREAMを活用すれば、誰でもインターネット上において自由に自主的な放送を実施する事ができる。極端にいえばアップルのiPhoneのようなスマートフォンからでも即時的に放送が実施できるため、国内でも非常な人気を博している。USTREAMはソフトバンクが二〇一〇年二月に出資と国内における総代理店サービスを発表して以来、国内での活用が急速に広まった。類似のサービスはニコニコ動画など他にもあるがツイッターを活用したバックチャネルという点では、企業のセミナーや講演会はUSTREAMやニコニコ動画などと非常に相性が良い。

講演会やセミナーのライブ中継とバックチャネルの拡大

USTREAMなどの仕組みを活用すれば物理的な授業、企業講演会やセミナーのライブ中継が可能となる。そしてこれまで教室やセミナールームに限定されていたバックチャネルが、インターネット全体へと拡大する。授業や企業セミナーのインターネットライブ中継が実施されれば、遠距離の参加者はセミナールームにいる参加者と同じ映像を見ながらバックチャネルに参加することができる。インターネットライブ中継は一種の放送大学のような効果が期待できるため、バックチャネルが限定されていた以前とは大きな違いだと考えられる。現在、アメリカや日本では企業や大学による講演会やセミナーのライブ中継が大流行しつつあり、バックチャネルを活用した新しい形でのナレッジ・マネジメントの研究も進むだろう。

次に、インターネットのライブ中継とツイッターなどによる、バックチャネルを活用した企業や大学によるナレッジ・マネジメント事例を述べる。

擬似ソーシャルと擬似リアル

バックチャネルは通常、参加者が一箇所に集まっているにせよ、分散して参加しているにせよ、リアルタイムで立ち上がるのがこれまでの前提であった。しかし視聴者の交流がリアルタイムという前提を崩した場合には、バックチャネルベースのナレッジ・マネジメントは変化するだろうか。実際、この点を議論するのも非常に面白い。

一般に授業やセミナーなどが録画され、一定期間後に見逃し放送として視聴されるケースがある。そういった場合に、視聴者の過去の投稿やコメントを動画の進行と共に再現して提供するサービスも増えた。これは国内ではニコニコ動画などの事例がある。元来、テレビの視聴に関してはお茶の間とスタジオの間でも擬似的なコミュニティが立ち上がり、知識が共有されるという研究がテレビメディア論などで盛んに行われていた。日本でもテレビ視聴の歴史は古く、一九五〇年代から始まり、既に半世紀以上が経過している。この中で視聴率を向上させるため、お茶の間とスタジオの一体化などを目的とした擬似的なコミュニティの形成などが議論されている。

確かにテレビにせよインターネットにせよ、非物理的なコミュニティは擬似的なコミュニティとか仮想のコミュニティと呼ばれている。そこで見逃し放送の場合に放映される過去の投稿は「心理的な擬似コミュニティ」を醸成すると考え、「心理的な擬似コミュニティ」におけるナレッジ・マネジメント上の効果を支える擬似ソーシャルや擬似リアルな参加者交流に注目してみよう。過去の投稿が、心理的には過去の参加者との心理的に擬似的なコミュニティを立ち上げると仮定する。

バックチャネルにおけるナレッジ・マネジメント上の効果の視点を過去の投稿やコメントの表示を伴うセミナーや、授業の見逃し視聴にあてはめると非常に面白い知識共有経験が発生する。実際、体験してみると分かるが、他者の投稿による気づきや、異なる視点の獲得などに関してもライブ視聴の場合とほとんど変わりがない。視聴者は多くの場合、一人でぽつんと映像を見ているだけだが、あたかも周囲に他の多くの参加者がいて共同視聴を行っているかのような感覚を覚える。またナレッジ・マネジメント上も同様の効果があると考えられる。もっとも映像が古くなり、時代がたつにしたがい背景となるコンテキストも変化すると考えられるが、昨夜の録画を翌日視聴するなどコンテキストの変化の影響をあまり受けない状況の場合には、ほとんど問題ない。

これは過去の研究者の研究を追体験しながら研究ノートを紐解く感覚に類似しているが、今後さらに研究が必要な領域である。

――ソーシャルテレビとバックチャネルの事例

オラクルによるセミナーと講演会、展示会のインターネット中継――

アメリカのオラクルはデータベースソフトウエアなどを企業に販売するＩＴ系の企業である。そして毎年、アメリカにおいて顧客企業を呼んでオラクルオープンワールドと呼ばれるセミナーや講演会、展示会を開催し、オラクル製品の知識を広め、理解を深めると共に顧客企業同士の知識交換や人脈づくりの場としている。二〇〇九年のオラクルオープンワールドは一〇月一一日から一五日までサンフランシスコにおいて実施された。参加者は毎年、全世界からアメリカに集まる。しかし二〇〇九年は実際の物理的なカンファレンスと共にインターネットによるそのライブ中継が実施された。そのため、アメリカまで出張する時間的ゆとりのない全世界のオラクルの顧客はインターネットからオラクルオープンワールドに参加し、セミナーや講演会、展示会の様子を知る事ができた。これは画期的な試みであった。

インターネットによるライブ中継はアメリカのライバル企業であるUSTREAMのサービスを活用して実施された。またすべての参加者（講演会場にいる参加者も遠隔地からの参加者も）はツイッターとソーシャルネットワーク・サービスのフェイスブックなどから投稿を実施することができた。物理的な講演会参加者とインターネット上からの参加者が共に感想や疑問、質問等を投稿できたのである。オラクルの製品は企業向けの製品であり、消費財と異なり、必ずしも参加者個人の知識の向上が販売に直結しない。しかし顧客企業内にオラクル製品を理解し、オラクル製品のファンとしての技術者集団を育てることは長い目で見てオラクル製品の購買につながる。また予算権限を持つキーマンは、時間的にゆとりがなくわざわざアメリカまで出張する事が不可能な場合が多い。そういった重要顧客に対してインターネットによるライブ中継、バックチャネル型のナレッジ・マネジメントは非常に有効である。

オラクルはオラクル・アプリケーション・ユーザー・グループ（OAUG）と呼ばれるユーザー会（一種の実践コミュニティ）を抱えており、バックチャネルとソーシャルテレビ型のライブ中継の導入により、ユーザー企業の担当者同士の間の新たな交流のチャネルがもたらされた。OAUGには筆者も過去参加したことがあるが、顧客企業の担当者間の知識交換の場として非常に優れている。

一方フェイスブックやツイッターからの参加者の場合、オラクルは参加者のすべてをフォロウし、ツイッター上でのオラクルによるブランドコミュニティ（ファンクラブ）への参加を促している。同様の試みは二〇一〇年から日本においても日本オラクルにより実施されている。国内のオラクルの公開セミナーは基本的に全てインターネット上でUSTREAMなどを活用してライブ中継された。ソーシャルテレビとバックチャネルを組み合わせた新しいナレッジ・マネジメントは既に日本国内でもはじまっている。

インテルとソニーの国際消費者家電見本市二〇一〇における活用

二〇一〇年一月のアメリカ国際消費者家電見本市（インターナショナルCES）においては半導体のインテルのCEOであるポール・オッテリィ氏が基調講演を実施している。そして同社はそれを LivestreamTV により全世界にライブ中継を実施した。またインテルは展示会場のブースにおける製品説明をライブ中継した。そしてすべてのライブ中継にはフェイスブックやツイッターから多くの感想や質問が寄せられている。一方ソニーはUSTREAMを活用して3Dテレビに関する記者会見を実施している。3Dテレビに関する記者会見ではデモが実施され、参加者には3D動画用のメガネが配布された。

確かに地上波テレビは大手の企業カンファレンスの場合、要約したニュースを放映する。しかしライブ中継は実施しない。従って企業によるイベントのインターネット上ライブ中継は、企業カンファレンスなどに興味を持っている人々にとっては非常に有効であり、バックチャネルと組み合わせたナレッジ・マネジメントが効果をあげるだろう。アメリカ国際消費者家電見本市二〇一〇では両社の他に五～六社がイベントのライブ中継を実施しており、二〇一〇年代には世界中の国際カンファレンスにおいて新たなナレッジ・マネジメントとしてパソコンやモバイル機器を活用したソーシャルテレビ型視聴が普及すると考えられる。

国内における日産自動車とトヨタ自動車の事例

二〇一〇年一月に三日間千葉幕張で行われた東京オートサロンでは、日産自動車とトヨタ自動車によるライブ中継とバックチャネルを組み合わせた、ソーシャルテレビ型ナレッジ・マネジメントが実施された。日産自動車はツイッターとUSTREAMにより、新車発表会の模様やコックピットにおけるタイヤ交換の説明、本田哲選手らレーサーとのインタビューやトークショーなどのライブ中継を実施している。日産自動車の場合は対象が消費者だが、USTREAMを活用したライブ中継（ツイッターからの質問や感想が投稿された）と、会場における対面での説明を組み合わせて実施していた。このケースは国内の確立された伝統企業の事例であり、非常にインパクトが強かった。また同社は二〇一〇年六月の株主総会をＵＳＴＲＥＡＭを活用してライブ中継している。

一方トヨタ自動車の場合、ミートミーと呼ばれるインターネット上の仮想社会サービスを活用してライブ中継を実施した。面白い点は、インターネット参加者はアバターと呼ばれるインターネットの人形の姿になって記者発表のライブ中継、ＧＡＺＯＯと呼ばれるトヨタのレーシングチームの発表、東京オートサロンにおける車の展示、幹部の講演などを視聴した点である。バックチャネルはツイッターの変わりにアバター姿での参加者によるチャットが活用された。

バックチャネルの形成のためには必ずしもツイッターは必要なく、トヨタ自動車の場合のようにアバターのチャットで実施してもよい。実際、イギリスではマイクロソフトのゲーム機ＸＢＯＸ３６０によるアバター姿でのサッカーのライブ中継が共同視聴されている。また国内でもデジタルハリウッド大学が仮想社会に関するセミナーを仮想社会サービスのセカンドライフ上に中継し、バックチャネルが物理的世界と仮想社会において二つ形成された事例もある。両者の質疑応答をファシリテーターが纏めて講演者に手渡すなど、いろいろな工夫がなされている。

日本ナレッジ・マネジメント学会など各種学会への広がり

二〇〇九年一二月第一回Ｗｅｂ学会が東京大学の安田講堂で開催された。この模様はＵＳＴＲＥＡＭにより世界中にライブ中継された。午前中は一二〇〇人程度だったインターネットからの視聴者数が、ネットワーク効果[7]により、時間を追うごとに増加し、最終的には物理的なセミナー参加者も含めて約四〇〇〇人ほどにまで膨れ上がった。このWeb学会がブームに火をつけ、インターネットによるライブ中継、そしてツイッターによるバックチャネルは二〇一〇年春の国内の各種学会から一挙に広まった。情報処理学会五〇周年記念全国大会（第七二回）、メタバースフォーラム、二〇一〇年ビジネスモデル学会春季大会、日本ナレッジ・マネジメント学会第一三回年次総会などがUSTREAMでライブ中継され、ツイッターによるバックチャネルが立ち上がり、質疑応答が実施された。なお、日本ナレッジ・マネジメント学会のライブ中継は筆者が担当し実施した。

ベンチャー企業ビートコミュニケーションによるセミナーの実施――

物理的なセミナーを実施するには会場の確保、集客など準備が大変である。そこでインターネットによるライブ中継とツイッターを活用して自社の会議室からセミナーを実施するベンチャー企業が出現している。企業用のソーシャルネットワーキング・サービスを提供しているビートコミュニケーションは、不定期に自社の会議室に識者を招き、インターネットライブ中継用にセミナーを実施した。セミナーにおける質疑応答は全てインターネットのツイッター経由で実施された。一回が二時間程度のセミナーであるが、これも非常に面白い試みであった。ちなみに第一回は二〇一〇年一月二〇日に行われタイトルは「二〇一〇年のソーシャルメディア大予想」であっ

図表5-2　ビートコミュニケーションの実施したソーシャルテレビ型セミナー

2010年ソーシャルメディア大予想
2010.1.20　20:30-21:30（放映時間）
USTREAMで生放送！！
・SNSは今後どうなるのか？
・動画コンテンツはどうなるのか？
・ソーシャルアプリはどうなるのか？
・スマートフォンはどうなるのか？
・政治とITの関係やインターネット選挙は今後どうなる？
・2010年にブレークしそうな3つのサービスは？
山崎秀夫：ナレッジマネジメント学会
神田敏晶：Kanda News Network
Serkan Toto：Tech Crunch 記者
Jonny Li：Beat Communication Evangelist
加治まゆみ：司会進行、Beat Communication
小原 崇：同時通訳、Beat Communication Research Engineer
http://www.ustream.tv/channel/socialmediapredictions2010

た。このイベントには筆者もパネリストとして出演している（図表5－2）。

デューク大学の試み

アメリカのデューク大学は学内における政治やスポーツ討論会など多数の学内イベントをインターネット上でUSTREAMを活用し、ライブ中継している。対象は大学進学希望者とその両親、また大学院への進学希望者などである。その結果、大学志願者の増加、企業からの寄付の増加、就職の支援などの効果に繋がっている。同様の試みはカリフォルニア大学のバークレー校でも実施された。

青森県庁の事例

バックチャネルとインターネットライ

ブ中継を活用したソーシャルテレビの試みは国内の地方自治体でも立ち上がっている。二〇一〇年二月、青森県庁は青森国際ホテルで実施した対外向けのセミナー第四回Ｗｅｂマーケティングセミナー（青森県庁主催）においてＵＳＴＲＥＡＭを活用したライブ中継を実施した。一三時半から一七時までの長時間におよぶセミナーであったが、内容としては通販企業、楽天の役員による基調講演やパネルディスカッションなどが実施されていた。会場のみならず、インターネット上からも感想や質疑の投稿が行われた。筆者もインターネットからセミナーを視聴したが、地方自治体もインターネットを活用してナレッジ・マネジメントを行う時代になったと大きな感慨を覚えた。

スマートテレビへの発展

スマートテレビと情報処理能力

従来、パソコンやモバイル機器上で展開されて来たソーシャルテレビ型の視聴が二〇一〇年の秋ごろからはスマートテレビと呼ばれるデジタル移行後のインターネット接続型のデジタルテレビ上でも可能となりつつある。アメリカにおいては二〇一〇年秋にグーグルが開発したグーグルテレビに日本のソニーが参画していたなどの話が大きく報じられた。またライバルのアップルもスマートテレビを発表している。テレビのデジタル化の中で欧米を中心に普及しはじめているスマートテレビの場合には、機械の知というべき強力な情報処理能力（インテリジェンス）が付加されている。従ってスマートテレビ上でのナレッジ・マネジメントはバックチャネル型のソーシャル視聴に加えてアップス（微小アプリケーション）と呼ばれる情報処理能力の連動が重要になるだろう。

もしテレビのリモコンやテレビが意思を持ち、視聴者の好み、交友関係をよく知っていたとしたら一体、何が起こるだろうか。スマートテレビ上における機械がインテリジェンスを持った基盤の上に集合知を生み出すバックチャネルが重なる。スマートテレビの視点から見れば、ソーシャルテレビはスマートテレビの基本的な視聴形態と考えられる。こうしてバックチャネルが生み出す集合知を補強する機械の知がデジタルテレビ上で花開く時代が訪れようとしている。

スマートテレビ上のバックチャネルの特徴

実際、スマートテレビ上のアップスは記憶の代替などデータベースの数字の加工などバックチャネルを支援する情報処理能力を提供してくれる。例えばアメリカではフットボールの試合や野球の試合などにおいてバックチャネルが立ち上げられ、ファン同士が交流している。それに対してアップスは「現在の選手の戦績やチームの戦績」など統計情報を加工して提供している。機械の知というべきアップスの効果はバックチャネルにおける知識交換を補足すると考えられる。そしてスマートテレビにおいては多種多様な機械の知であるアップスが登場する時代が到来している。

おわりに

ソーシャルテレビの発展により、最近では欧米の優れたカンファレンスのセミナーが、日本にいながらにして視聴でき、討論に参加できる時代がやって来た。二〇一〇年五月ロンドンで行われた第一回国際コネクトテレビサミット（スマートテレビを論じる欧州中心の会議）などはその典型であった。日本時間の夜一八時頃から行われたセミナーには、会場の参加者のみならず、世界中からインターネットの参加者がセミナーをライブ視聴しながら知識の交換を行っていた。筆者もいくつかの疑問点を質問したが、その場でアメリカからのインターネット参加者から答えをもらった。また多くの場合、当日のセミナーの内容はそのまま録画され、後日改めて視聴できる。そういった場合、当日のセミナーのまとめ記事を読みながら、あらめて動画でセミナー内容を確認することも可能である。よって高い交通費と時間をかけて海外出張をしなくても質の高いセミナーを視聴できる時代となっている。このようなインターネット上のライブ放送は二〇一一年からはアメリカを皮切りに、パナソニックなどのスマートテレビ上での視聴が可能となる時代が到来している。

暗黙知の共有を含めてインターネット上でのバックチャネルや集合知の活用により、知識共有が十分可能な時代がきたと考える。欧米で盛んなアバターと呼ばれる人形劇方式を活用すれば、太極拳などをインターネット交流によって学習することができそうだ。既にこの点はマイクロソフトのキネクトと呼ばれる拡張現実型のゲームによって、暗黙知の技術的側面のインターネットを介した共有化が試みられている。ナレッジ・マネジメントに社会心理学やメディア論をさらに持ち込むことにより、これらの点の研究を一層深めたいと考えている。

注

1 吉見俊哉、水越伸、二〇〇四『メディア論』財団法人放送大学教育振興会、第五章「オーディエンスのいる場所」など。

2 ティム・オライリー、二〇〇三『Ｗｅｂ２・０』オライリーメディア。

3 Jonietz, E., "Making TV Social, Virtually," *MIT Technology Review*, January 11, 2010. SOCIAL TV: Creating New Connected Media Experiences (Spring 2010) H. Holtzman, M.-J. Montpetit & Guest Lectures, http://courses.media.mit.edu/2010spring/mas960/

4 ニコニコ生放送とＵＳＴＲＥＡＭは共にインターネット生放送のサービスの事。ニコニコ生放送はニワンゴが提供。ＵＳＴＲＥＡＭはアメリカで二〇〇七年三月に設立され、日本ではソフトバンクと共同でＵＳＴＲＥＡＭ Ａｓｉａを設立している。

5 野中郁次郎・竹内弘高著、梅本勝博翻訳、一九九五『知識創造企業』東洋経済新報社。

6 How Twitter in the Classroom is Boosting Student Engagement, http://mashable.com/2010/03/

01/twitter-classroom/

7　リトキンス、二〇一〇「ビートコミュニケーションの実施したソーシャルテレビ型セミナー」ベル社論文（掲載は同社許可済み）。

第6章

自然と場と企業

進　博夫

はじめに

今、われわれは大きな時代の節目にある。世界を見渡しても、従来の政治、経済、社会の仕組みが大きく揺らぎ、さまざまな矛盾が顕在化している。情報伝達手法の多様化とスピード加速がグローバルなレベルでの情報の同時化をもたらし、流動性を倍加する。現実の動きは急であり、応急対応に追われ、制度や枠組みの変更が追いつかない。そこにときとして、人知のおよばない大自然の巨大な力が猛威を振るう。先行きの不確実性、不透明性は確実に増していく。近代の終焉が叫ばれて久しく、その兆候がますます顕著になっているにもかかわらず、新たなパラダイムを見出せてはいない。

これまで世界は、精神と物質を分離して、物事を分析的に単純化、細分化して驚異的な進歩を遂げた近代科学をベースに、大きく発展してきた。分析的手法は自然科学のみならず、社会科学の面にも大きく貢献してきている。しかし今や社会にはいろいろな限界が見え、大きな歪みが自然と人間との接点に表れつつある。

われわれにまず可能なことは、原点に戻る、ことではなかろうか。精神と物質を分離し、人間と自然を切り離した近代の枠組みを抜け出し、人間を相対化して考えることである。自然を意識し、生命の本質を理解し、その上で人間性を尊重することである。さらには、ものの豊かさから心の豊かさへ、基本的なマインドセットを切り替えていくことによって、視点が大きく変わり、今まで見えなかったものも見えてくると考えられる。

生物は生存に適した環境の場を選び、その環境変化に適応する。知性を持つ人間と環境、場のかかわりは、基本的には同様であるが、生命科学や脳科学など人間そのものについての研究が進むにつれ、とても興味深い結果が明らかにされてきている。

企業組織は、人が集まりダイナミックに構成していくものである。今まで以上に人間性を重視し、自らの方向性をしっかりと見定め、広い視野と多角的視点を備え、環境変化への柔軟な対応能力を備えることが重要になるのではなかろうか。まずは、企業としての環境を整えることにより個々の社員が活性化し、さまざまな場を通じ互いに知識を創造し活用する。さらには社員を中心に、顧客をはじめ、関係するさまざまな人々との関係性の場を大事にして、そこからさまざまな気づきを得、知識を創造して組織の活力とする。そして目指す社会的目的に向かって、周囲と調和しながら、組織全体としての能力を発揮していく企業が増加していくに違いない。ケースに取り上げた企業は、そのような能力を備えたと考えられる企業である。これらの企業については、本章の後半から詳しく取り上げていくこととする。

なお、本稿は、二〇一一年八月末までの事実データに基づくものである。

大自然と近代

東日本の天災と人災

二〇一一年三月一一日の過酷な天災、東日本大震災に、福島第一原子力発電所の大事故が追い討ちをかけた。現在も手探りの安定化作業が続き、放射性物質の環境への拡散は収まらない。世界唯一の被爆国が自国に加爆してしまったのだ。これは原発推進のために「絶対安全」の旗を掲げ不都合な想定を無視してきた結果の、まさに人災といわざるを得ない。

扱いの難しい原子力は、人間に火を伝えてゼウスの厳罰を受けたプロメテウスに擬え、「プロメテウスの火」と呼ばれる。

原子力発電は、運転時のCO2排出量が少なくクリーンとされるが、ライフサイクルでみると、使用済み核燃料処理、旧式原子炉の廃炉処理等、難題山積である。核のゴミ、核分裂生成物質による放射能の危険性は、世代を越え長期に継続する。一〇〇年にも満たない経験値の中で、原子力発電が後世に持ち越す危険性とその解決策は見通せてはいないのだ。日本の原子力会計はすでに破たん状態にあろう。「絶対安全」のパンドラの箱が天災で開き生じた悲惨な人災を再び繰り返さないために、われわれと後世にとって最適なエネルギー・ポートフォリオと生活スタイルについて、おのおのが熟慮し議論する良い機会とすべきである。

環境汚染

環境汚染事故の代表は、戦後成長期の化学物質や農薬による環境汚染であった。一九五〇年代に水俣病が顕在化し、農薬と化学肥料依存の近代農業の怖さを告発した「複合汚染」が大反響を呼んだ（有吉、一九七五）。当時、被害者同士の消費者と農業生産者が直接手を結ぶ「提携」が生まれた。この動きに呼応し、欧米でもCSA（仏はAMAP）、共同体支援の農業が組織され、環境問題を身近に考え実践する仕組みとして機能している(1)。

大規模環境災害が絶えない原因は、人と環境への配慮を軽んじ謙虚さを忘れ、功利に走った科学技術の利用にあるのではなかろうか。

近代化と二元論

近代を特徴づけるのは、コペルニクスの地動説を先駆けに、ニュートンの『自然哲学の数学的原理（プリンキピア）』に至る一七世紀の科学革命である。その「新しい諸概念は近代哲学に深刻な影響を与え」（Russel, 1946）た。「ある意味で近代哲学の創始者であったデカルトは、一七世紀科学の創始者の一人」であった。

一七世紀以降、「われ思う、ゆえにわれあり」としたデカルトの数学的・機械論的自然観、精神と物質を分離する心身二元論と分析的論証に基づき学問の制度化と細分化、数量化思考が進み、近代科学は大きく発展した（伊東、二〇〇二）。その一方で、自然は支配の対象とされてしまったのだ。ダマシオは「デカルトの誤り」は「身体と心の深淵のごとき分離」にあると指摘し、「われわれは存在するゆえに考える」のだという（Damasio, 1995）。

一九世紀の生物学の進展

一九世紀後半にはダーウィンの『種の起源』など、生物学に画期的展開があった。従来の機械論的自然観では非合理的な生命現象を考察対象にして、ベルクソンは「生の哲学」を提唱し、ホワイトヘッドは「有機体論」を唱えた（大東、二〇〇六）。

ベルクソンは、人間を進化の頂点とする「アリストテレス以来の直線的進化論に対して、一九世紀以降の進化論を分岐的進化論として特徴づけ」、人間を自然生命の中に相対化した。その上で、「生命を分岐させせつつ創造的に進化させる原動力をエラン・ヴィタール（生の飛躍）」と呼んだ（篠原、二〇〇六）。ホワイトヘッドは、自然を生命と物質との区別なく生きた自然全体ととらえた。そして「デカルトから分かれ、……唯物論から有機体論への転換」、すなわち実体中心のモノの世界観から、相互関係の網の目のうちにあるコト、生成消滅する出来事を中心とする世界観への転換を唱える（田中、一九九八）。

しかし、明快な割切りで機能した二元論に比して、これらの思想は大きな影響力を持たなかった。科学の重要テーマには、従来の「物質」に加え、産業革命を生み原子力につながる「エネルギー」が登場し、社会に大きな影響を与えていく。

二〇世紀以降

二〇世紀以降、科学に基づく技術と社会との関係はより緊密になる。しかし切り捨てて単純化する傾向は強まっていった。大量生産に基づく豊かさの享受の一方で、効率と利益追求のあまり、行き過ぎた分業体制、細分化された専門領域に起因する全体視野の欠如、自然の過度な開発等の近代化の歪みが露呈する。人工の科学技術文明と大自然との接点に、現代の重要課題が潜んでいるのだ。

特に日本は敗戦後奇跡の回復を果たし、一旦は世界第二位の経済大国に成長した。しかし急速な近代化の過程で、狭い国土に産業の詰め込みを優先し利便性の効果を享受してきた結果、環境汚染大国ともなってしまった。

二一世紀、歪みの露呈した今、目先の利便性や利得の追求を一旦離れ、基本に立ち戻って全体視野で見直してみてはどうだろうか。われわれが大自然の中の連綿たる流れの一瞬の存在であることに、謙虚に思いを馳せてみることも必要ではなかろうか。

生命と環境――組織の場とのかかわり

生命の本質

地球上の生態系は、全体が連鎖、循環して動的平衡状態にあり、人間もその一部である。私たちは日々食物を摂取して、エネルギー源とし、代謝の原料とする。舌の細胞は約四時間で入れ替わり、脳細胞もＤＮＡもまれながら例外ではない。細胞活動の担い手、タンパク質は、代謝による品質管理が行なわれ、不良品は分解され、老化すれば置換される（伊藤、二〇〇六）。にもかかわらず、知識、経験は継続的に積み上がり、一貫性を持つように想起される。実に巧妙で不思議なシステムが進化の過程で私たちに備わっている。ＤＮＡが解読されても、この謎は解けない。ホワイトヘッドは「有機体の本質は、それが機能するあるもの」とし（田中、一九九八）、福岡は「生命現象のすべてはエネルギーと情報が織り成すその「効果」に本質がある」という（福岡、二〇〇九）。

生物と環境、場所

生物は、その周辺環境、生きる場と切っても切れない関係にある。生態学的ニッチ（窪み）、他生物と棲み分け可能な環境に適応し、分際を守ることで種の持続性が担保され、自然変動の影響下で相互に影響しつつ、多様な発展を遂げてきた。

人間も基本は同じだが、科学理論と技術を武器に自然を開拓・利用し、生態系を大きく変えつつ生活の豊かさを優先してきたのだ。

意識と身体と環境のかかわり——脳科学分野の見解

人間は、進化過程の痕跡を留めた生命調節機能を通じ、体内外の状況変化に対応する。多くの生命調節機能は意識下で働き、意識や知性は身体と密接に関係する（Damasio, 1999）。生命の安定的維持には意識下の情動が重要な意味を持ち、行動決定にも情動の快・不快が影響して合理的判断は僅かに遅れるとされる（Damasio, 2003）。

下條も意識への情動の重要性を指摘し、さらに生物にとって環境は認知システムの一部で行動の可能性と意味の充満する場所、とする。人間の場合、記憶は固定したものでなく「脳と環境の相互作用の中にあり」、環境はいわばデータベース。脳はより広く環境や社会に共通の知のデータベースとの関係でとらえる必要がある、という（下條、二〇〇八）。

潜在的なものも含めた個人の経験的な知は、その個人の誕生からの、自然や社会、人間関係等の、環境世界との相互作用を含めた、広くかつ深い世界につながる。「脳の来歴」(下條、一九九九)という呼称は非常に興味深いものである。

潜在的な知が、その時々の自然環境や社会環境、人間環境などさまざまな関係性の場で創発され、意識に上って関係性の場に置かれ、新たな創発を誘うという、絶え間ない循環のプロセスが進行していくところに、知の醍醐味がある。

企業・組織における場の活用

企業組織では知識を創造し育む「場」の活用が重要課題である。知識創造理論では、「場」は知識創造活動の基盤であり、「知識が共有され創造され、活用される共有された動的文脈」である(野中、二〇一〇)。また「組織は互いに重なり合う多種多様な場の有機的配置」ととらえる。生命現象同様、組織の形よりも機能する効果にこそ本質的意味があるのだ。

企業として組織の効果を高めるには、企業の社会的存在意義、ミッションやビジョンなど目指す方向性が、多種多様な場の有機的配置に反映され、場の動的文脈の背景ともなり、共有され創造され、活用される知識に反映されることが重要である。

言い換えれば、企業固有の社会的存在意義が明確にあり、構成員が明確に意識し日々実践されることが、企業の目指す目標に近づく重要な要因となる。

図表6-1　鍋屋バイテック会社とエーザイ株式会社の概要

	鍋屋バイテック会社	エーザイ株式会社
売上規模	年商：8,010百万円（6社）	連結：803,152百万円 個別：444,680百万円
従業員数	410人（6社） 328人（単独）	連結：11,415人 個別：4,367人
事業内容	伝動・制御用等、機械要素部品の製造・販売	医薬品、医薬部外品、製薬用機械等の製造・販売

出所：2011年5月の両社HP企業概要より筆者作成

さらには、企業の社会的存在意義を単なるお題目に止めず、実践と検証の場を意識的に持つことが、決定的に重要になるのではなかろうか。

ケースについて

今回着目の企業は、近代二元論パラダイムを脱し、全体視野を持ちつつ社会的存在意義を実践し、人間性を尊重し自然と共にある、と考えられる二社である。

最初のケースは、岐阜の非上場中堅企業「鍋屋バイテック会社」である。人にとって働きやすい環境とはいかなるものか、どうすれば人は創造性を発揮し、組織として変化の継続が可能なのか。そのヒントが、大企業とは全く異なるこの企業の経営に垣間見える。

もう一社は、東証一部上場の製薬企業「エーザイ株式会社」である。製薬産業は本来、人の生命に対する深い関心と、社会に対する強い使命感を要する。また創薬には、研究開発から製品化まで一〇年単位の長期を要し、製品化成功率は千三つといわれる低さである。その中で維持し続けるモチベーションの源を探る。

鍋屋バイテック会社

創業一五六〇年の鍋屋

名刀「関の孫六」の岐阜県関市。緑豊かな丘陵地帯にモダンな低層の建屋が並ぶ。一五六〇年（永禄三年）創業の鋳物業「鍋屋」の流れをくむ「鍋屋バイテック会社」である。折しも桶狭間の戦いで織田信長が今川義元を破った年。当時の鋳物業は認可制で地方の新産業であった。鍋屋を興した初代太右衛門は当時のハイテクベンチャー起業家であろうか。

鍋屋の主人は代々太右衛門の名を継ぎ、生活用鍋釜の他、神社仏閣の灯籠や鐘も製造した。一七四九年（寛延二年）に朝廷から「御鋳物師」の免状を授かり、京都御所には灯籠を献上した。千利休に茶釜を寄贈した折の礼状は国宝になっている。

明治に入り鋳物業は自由化され、匠の技を生かす工業化の時代に入る。一九二三年には鍋屋鋳造所として株式会社化した。そして一九四〇年に暖簾分けの形で「鍋屋工業株式会社」が設立される。初代社長は岡本友吉氏。この鍋屋工業が鍋屋バイテック会社の前身である。いずれも非上場のオーナー企業だ。

鍋屋工業から鍋屋バイテック会社へ

鍋屋工業は、鋳造技術を生かし伝動部品製造に注力した。一九四〇年にはプーリー(2)生産を開始、一九五〇年にVベルト用Vプーリーを日本で初めて標準化する。

一九七二年、岡本太一氏は父の友吉氏に請われ経営に携わった。商社マンで社長室にも勤務し世界を知る太一氏は、3K零細工場に驚き、在庫の山に愕然とする。毎日現場を回り、従業員と笑顔で挨拶し、同じ目線で言葉を交わした。当時世界には、鉱業や大規模農業用伝動部品の数千億円市場があり、規模と質で世界に伍する選択肢もあった。しかし課題山積の現場で社員と対話を続けた結果、社員が伸び伸び働けば社会につながり見返りもある、地域密着の職場づくりを決意した。

一九八〇年に社長に就任してさまざまな革新を積み上げ、零細工場は人間性を重視し社員が生き生きと働く「場」へと劇的に変身していくことになる。

二〇〇一年、鍋屋工業は「鍋屋バイテック会社」に社名変更する。「鍋屋」は、自社製品を自社ブランドで伝統と誇りを表し、「バイテック」には、伝統鋳物技術と先端ハイテク技術を融合し時代に応える意思を込め、「共にパンを食べる人たち」を意味するカンパニー、「会社」である。社名が企業理念と存在意義を見事に表現している。

鍋屋バイテック会社は、太一氏が鮮やかなグランドデザインを描き、働く人たちの創意工夫で創り上げた会社である。二〇〇六年の「デザイン・エクセレント・カンパニー賞」の企業と経営者での受賞は、実に的確な評価といえる。

二〇〇七年、太一氏は会長に、金田光夫氏が岡本家外から社長に就任した。太一氏は二〇〇九年に惜しまれつつこの世を去るが、金田氏のリーダーシップの下、創意工夫を絶やさず、社員が生き生きと楽しく働く場であり続けている。

以降、「鍋屋」「バイテック」「会社」が象徴する次の三つの視点から紹介する。①伝統を今に生かす、②ビジネスの独自性、③自然体の場と変化の場である。

伝統を今に生かす——企業文化の継承

鍋屋の岡本家には、会社は大きくしない、社員が二〇〇人になれば会社を分ける、政治には手を出さない、飲み食いの支払いはその日に済ませる、といった家訓があるようだ[3]。同族経営上も、本家・分家を問わずお互いの事業領域を尊重し、経営には口を出さない、役員の相互派遣は七五歳定年等の決め事がある。そこからは、規模拡大より堅実経営、新事業は分社し経営を任せて開拓等の考え方が窺い知れる。

ダンバーは、人間が真の社会的関係、顔の見える関係を保てる最大人数は一五〇としている

（Dunbar, 1998）。他に一〇〇～三〇〇弱の学説もあるが、先行の一五〇がダンバー数として知られている。二〇〇人になれば会社を分ける、という決め事は、鍋屋の先人の経験知であろうが、パート八〇人を含め三三〇人弱の鍋屋バイテック会社も近い数で、働く人の顔が見え、人を大事にする経営が継続されている。

鍋屋バイテック会社の取締役で太一氏の子息、岡本友二郎氏は、この家訓は日常的に意識してはいないと語る。規模拡大よりも堅実に、かつ自由に経営する姿勢は、暗黙のうちに十分浸透しているようだ。

基本理念には「「ものづくり」の原点を創造する」とあり、技能労働中心の企業文化の継承を重視する。つくる楽しさを体得し、成果物に愛着を持ち、世の役に立つ喜びを知る。つくる技能への誇りの継承が、この企業の根幹なのであろう。

技能教育はＯＪＴ、現場の実体験が中心である。ローテーションにより多能工として育成し、少人数で現場を動かす。大学院修了も一年間の現場体験後に製品・機械開発部門へ配属される。技能習得が奨励され、職場には必要な機械加工や鋳造に関する技能と習熟度の個人一覧表、スキルマップや技能検定マップが掲示されている。

ビジネスの独自性――ユニークな得意市場

生物は、生態学的ニッチ（窪み）を見出して分際を守り、種の存続をはかる（福岡、二〇〇九)。企業の場合は、顧客を見出してニーズを追求し、事業展開・継続をはかる。

鍋屋バイテック会社の得意市場は、いわゆるロングテールの、多様に広がる微少量伝動部品である。量が勝負の規格部品、量産部品では下請けのコスト競争に陥ってしまう。プーリーは多品種少量製品であり、伝動部品はすべての機械に多様な形で使われる。独自設計のための部品の需要は無限。積極的にニーズに応えれば、顧客との関係性の場は密になり広がる。

「ロングテールの法則」は一九九〇年代以降のITを駆使してこその需要側発想である。アマゾンの起業は一九九五年だ。鍋屋バイテック会社がニッチ市場にフォーカスした頃の主流は「パレートの法則」、別名八〇:二〇の法則であった。売上の八割を占める二割の製品や商品に絞り込み、生産や販売を効率化する供給側発想である。二つの法則は、いずれも事象を頻度順に並べた「ベキ分布」に基づくが、一八〇度の発想転換なのである。

ビジネスの独自性——寿司バーコンセプト®

ニッチ市場を狙うには、顧客ニーズに合った製品を適切に提供する仕組みが必要だ。鍋屋バイテック会社は、実に独創的で見事な仕組みを創り上げた。太一氏名付けて「寿司バーコンセプト®」。実に言い得て妙である。

ホームページにある説明の一部を紹介する。

お客さまの必要なものを、そのときに、要るだけお出しする。

ＮＢＫは、ひとつひとつ丁寧に、手際よく、

腕をふるう寿司職人のように仕事をしたいと、

"ものづくり"に磨きをかけています。

続いて、必要な仕組みを、生産体制、製品開発、顧客との関係性の場の順に検証する。

ビジネスの独自性――多品種微量生産体制

市販の工作機械は高速・大量志向である。少量生産では超低稼働率で採算が合わない。何とか自前でできないか。三〇年近く機械づくり一筋の執行役員、岩見勝昭氏は、約二〇年前、購入ＮＣ装置を工作機械に接続動作させる仕事を任された。工作機械メーカーの宿泊研修で講師に必死で相談すると、講師は研修外のことでも時間外で丁寧に教えてくれた。苦心の末、中古旋盤にＮＣ制御機構を取り付けた桁違いに安価なＮＣ旋盤が動き出した。それが原点であった。

二〇〇五年には、「ものづくり日本大賞」第一回優秀賞の内閣総理大臣表彰を受賞。受賞テーマは「Ｖプーリーの多種要るだけ微量生産を実現した、ゆったり自動加工設備の開発とコスト削減」。まさに、技能と知恵の成果への誇りがそのテーマに凝縮されている。

機械製作は製品生産要員が交代で行い、機械と加工技術の幅広い知識と技能を備えた多能工が

育つ。現存の工作機械七五〇台の約七割が自社開発である。部品製造は複数機械をコの字型に配置した「一個流しライン」で行う。原材料投入から製品箱入れの全工程を一人が操作可能で、個別技能や経験依存度をゼロに近づける。ラインオーナーは品質、納期、数量に責任を持ち、やる気があれば年齢、性別を問わない。ラインに掲げられたオーナーの顔写真を見ると、にこやかな若い女性の多さに驚かされる。ここにも人間性尊重の考え方がある。つまり、人が機械に合わせるのではなく人に機械を合わせ、顧客に対する一定の完結した仕事が任される。

半導体製造装置用の真空ねじやバネ内蔵の特殊ねじ（プランジャ）の自動製造機など、原材料をセットすると製品が自動製造される機械もある。

ビジネスの独自性——新製品開発

開発製品は、世の動向を見つつ客先ニーズに合わせて変化する。現製品総数は八万点。標準品が三万一〇〇〇点、顧客仕様に基づく特殊品が四万九〇〇〇点である。

当初は鋳物のVプーリーが主力でシリーズ化してヒット。一般機械用プーリーのシェアは八割に及ぶ。第二世代はミニチュア・カップリング（軸継手）や機械要素部品など鋳物以外のカタログ標準品、第三世代はカスタマイズ製品で、半導体製造装置用の特殊ねじや、工作機械の高精度加工用要素部品等である。鋳物ビジネス維持のため鋳物製品も製造する。

新分野も開拓。一九七〇年代は空調機器やポンプなど、一九九〇年代にはＦＡ用部品、二〇〇〇年代にはＩＴ・半導体関連が増加する。半導体製造装置用部品製造のため、クラス１０００のクリーンルーム併設の、恒温・恒湿で超精密加工可能な工場も新設された。

ビジネスの独自性――顧客との関係性の場づくり

担当者からの直接ニーズ把握を重視。展示会その他で問い合わせのあった潜在顧客のヒアリング結果から開発案を練り、標準化・共通化して共存共栄の関係づくりを目指す。約二割が新規開発で、八割が既存品の調整かカスタマイズ品だ。

地道な活動の結果、販売先一万社と、技術者・設計者・購買責任者一二万人を登録した顧客データベースが、貴重な知財であり差異化要素である。注文はコンタクトセンターを通じて加工現場に表示され、半製品の最終加工に約三〇分。一日平均出荷数は約七万点で当日受注出荷率は約四〇％、在庫は数週間分。少量でも定常発注の客を重視。大量受注は分納対応する。情報鮮度維持のため、カタログ八種類、三〇〇〇ページ超を直接送付し、二～三ヵ月毎に小冊子を送って顧客情報も維持管理する。

顧客へのサービス維持・改善と顧客との関係性拡大には、ＩＴも重要な経営要素である。二〇〇八年と二〇一〇年には経産省主催の「中小企業ＩＴ経営力大賞」を受賞した。

自然体の場——良い製品は良い環境から生まれる

太一氏は、季節や自然は感性に直結し、ものづくりには重要と考えた。商社時代に視たＧＥのニーラパークやデュポンガーデンに倣い、関市に得た五万五〇〇〇坪の土地を四季の楽しめる里山とし、自然と融合し、創造性を開放する理想の工場、工園《こうえん》づくりを目指して一九七四年に第一期工事が完成する。

一九九二年には、岐阜出身建築家、大野秀敏氏設計による事務棟と美術館兼用のホール棟、および食堂棟が完成。結果、一九九三年に日経ニューオフィス推進賞〈通商産業大臣賞〉を受賞、一九九四年には、工園全体が通商産業省グッド・デザイン施設に選定された。その後もＭＥＭＥセンターや元気亭など、同様に開口部に特徴ある、明るく近代的建物が増えていく。電気配線は地下埋設。３Ｒ（削減、再使用、再利用）操業が徹底されている。明るく緑鮮やかな食堂棟にはシャガールのリトグラフが並び、一角の明るいスペースはミーティングの場に活用される。

岐阜現代美術館として運営される美術館には、岐阜に縁の墨象美術家・篠田桃紅《しのだとうこう》氏の作品が展示され、折々のコンサート開催も含め地域に開放される。

自然体の場——人間性の重視

結果よりもプロセス重視、事業関連の会社方針や売上目標は設定せず、無理に頑張らない。自然体で楽しく働き能力を発揮すれば結果はおのずとついてくる。よい失敗は積極的に、チャレンジ精神を大切に。性善説を徹底する。経営者は社員を把握し、全員が「さん」づけで挨拶を交わす。組織や肩書きを越えた自由な意見交換や交流を促す土壌が育まれている。社員の誕生日と結婚記念日には、金田社長が休日返上で用意した手書きカードが贈られる。社長席は玄関入り口に最も近く、来客には真っ先に挨拶する。毎朝工場を回り社員一人ひとりに声をかける。

仕事も学びも遊びも、トータルに。人生の一時期を共有する場を多様に演出する仕掛けも豊富だ。数年毎の全員海外旅行、好況時の大入り袋。そして四月のお花見、七月のプールサイド・パーティ、一二月の餅つき大会と、社員と家族が楽しむ年中行事がある。

毎朝唱和する基本理念で注目すべきは、人としての生き方に言及する部分である。

「我々はこの仕事を通じて生きがいと幸せを求める」（ＮＢＫ宣言）
「我々は感性に磨きをかけ、自然環境を守り、地域社会に貢献する」（ＮＢＫ環境宣言）

まさに、人生を共有する仲間、の雰囲気を感じる。

写真 6-1　食堂脇での開放的ミーティング

自然体の場、そして変化の場——

「どんどん変えよう、すばやく化わろう」が鍋屋バイテック会社の理念だ。「変える」のは機械装置など見えるもの。「化わる」のは心がけや行動である。「変える」は先述の通り。「化わる」仕掛けも豊富にある。

金田氏は、「ルネサンス時代には知的自由があり、ダ・ヴィンチは何でもこなした。専門化・分化には弊害もある」と語る。分業よりもローテーションによるさまざまな職務体験が優先である。変化が常態の定期的ローテーションにより、多様な個人の能力を引き出す。他部門でのコラボレーション研修により、他部門の状況を知り、新たな気づきも生じる。同時に、個人が一定の完結した仕事に責任を持つことを旨とする。社会とのつながりの確認は生きがいにつながる。
知的好奇心を持続させるよう、資格取得奨励のマイスター制度が二〇年以上前に設けられた。職務に無関係の資格もOK。取得後は月五〇〇〇円から二万円のマイスター手当てが課長になるまで支給される。社員の約八割が様々な資格を取得している。資格研修の場で普段接触のない人たちと知り合うこともあり、全社の関係性ネットワークは密度濃く多彩になる。太一氏は、二〇〇八年のインタビュー(4)でこう語っている。

企業永続の秘訣は、自分の意識も、社員の頭の中も、会社の開発する製品も、常に変化させていくことではないかと考えています。……人間は生き物、次々に生まれては死んでいく存在です。その人間の集合体が組織を形づくり、そうした連鎖の中で企業も存在しています。企業は急に成長すれば必ず反動がきます。だから、緩やかに成長し、変化していければいいと考えています。

グローバル展開への変化

鍋屋バイテック会社は一九八〇年頃から国際展開し、欧米中小専門メーカーの特徴ある製品の国内販売を開始。現在は売上の約二〇％に上る。相手製品は互いに製作せず継続購入・販売する双方向関係が基本である。

世界で活動する一流企業として、二〇〇〇年にISO9001と14001の認証を全社統合同時取得し、ISO9001-2000、OHSAS18001も取得した。

二〇一〇年一月にドイツ提携先との合弁会社、NBKツィマー株式会社を設立。同一〇月には、独資により鍋屋百迪精密機械（蘇州）有限公司を中華人民共和国に設立。建設中の工場は一一年秋に稼動予定である。岐阜出身、ドイツ合弁会社設立の立役者で、中国工場立ち上げ責任者の一人、取締役の丹羽哲也氏は弱冠三七歳である。伝統ある老舗企業の若きリーダーは、「今後は岐阜人を脱却してアジア人として生き残りをかけていく」と力強く語る。マネジメントとしては未知の世界だが、鍋屋精神は必ずや解決策を導くであろう。

コーダ

金田氏率いるコンパクトでスマートな現代企業、鍋屋バイテック会社は、生命体のように全員が協力し、環境に敏感に反応しつつ変化を続ける。リーマンショックで二〇〇九年には創業来初の赤字を計上したが、二〇一〇年の売上高は過去最高の二〇〇八年水準近くまでV字急回復した。二〇一〇年一〇月には、APEC視察団八〇人が関工園を訪問した。ものづくりで地方から世界に挑む中堅企業は、世界も認める存在となっている。

鍋屋の経営者は感性豊かな趣味人である。太一氏は現代美術とワインの収集家で、墨象美術家・篠田桃紅のコレクションは世界一である。とことんこだわる方らしく、二〇〇七年に本社の地番表記は「岐阜県関市桃紅大地一番地」に変更された。金田氏はクラシック音楽にとても深い造詣があり、国内はもとより海外出張中も寸暇を惜しみオペラやコンサートに足を運ぶ。豊かな見識、理性と感性のバランス、そして懐の深さが感じられる知識人経営者である。こういう経営者が鍋屋バイテック会社の企業文化を創ってきたのだ、と納得がいく。

幹部には実にざっくばらんな空気があり、しかも家族のようにとてもまとまりが良さそうである。職場のメンバーも、仕事中でも見学者と挨拶を交わす。実に気持ちのいいものだ。今後の展開に大いに期待が持てる企業である。

エーザイ

緑豊かな川島工園

岐阜と愛知の県境を流れる木曽川の中洲。水と緑に囲まれた静かな地域に、エーザイ株式会社（以下、エーザイ）の最先端主力工場の一つ、川島工園がある。エーザイ創業者の内藤豊次氏が、アメリカ製薬企業の緑豊かな工場に触発され、全国を巡り選んだのがこの地で、一九六六年に開所した。川島町の町木の黒松を大事に育成し、工場排水は徹底処理後、日本庭園の鯉の池を通し木曽川に戻す。敷地十四万坪の一角に、日本唯一の薬の博物館、一九七一年開設の「内藤記念くすり博物館」があり、六万五〇〇〇点の貴重な資料を収蔵展示し、無料公開されている。

七段階の厳重な防塵管理が行われ、無人搬送車が行き交う最先端の工場の入り口には、二代目内藤祐次の書による「エーザイ品質方針」の銘版が掲げられている。

我々の造る一錠、一カプセル、一管が患者様の命とつながっている。

執行役員で川島工園長の藤生康彦氏は、単なる医薬品生産ではなく、「患者様が服用されるまでの品質確保と安定供給に努めるデマンド・チェーン・システムを担い、顧客満足よりもさらにフォーカスした患者様満足を目指している」と語る。創業者のお眼鏡に適った豊かな自然の中で、エーザイの理念を担う社会貢献への着実な努力が脈々と受け継がれている。

エーザイの伝統——独自開発へのこだわり

エーザイは、創業者内藤豊次氏が一九四一年に設立した「日本衛材株式会社」が原点である。内藤氏は、衛生兵や外資系薬局勤務を経て田辺元三郎商店（東京田辺製薬）に勤める。欧米視察を通じ、薬品メーカーの「核」は研究部門だと痛感し、当時の薬品会社が輸入薬販売や代替薬製造に甘んじていることに飽き足らず、一九三六年に「合資会社桜ヶ丘研究所」を設立し、一九四

写真 6–2　黒松の森と内藤記念くすり博物館

三年に日本衛材に統合。一九五〇年までに避妊薬や強心剤の新薬開発に成功する（河合、一九九二）。一九五五年には「エーザイ株式会社」へと社名変更した。

日本の主な製薬会社は、大阪の道修町御三家の武田、塩野、田辺や、東京日本橋の江戸時代から続く薬問屋の流れを汲むが、エーザイは異なる。内藤氏の信念に基づく、独自新薬開発を目指すベンチャー企業からのスタートであった。

二代目内藤祐次、そして三代目の内藤晴夫へ

一九六六年社長就任の内藤祐次氏は、零戦パイロットの奇跡的生き残りで、終戦の年に日本衛材に加わった。父内藤豊次氏の「世界中にエーザイブランドを」「世界の人々の健

康福祉に寄与」という夢を共有。世界に通用する製品開発、マーケティング、経営を目指し、零細企業を「山椒は小粒でもピリリと辛い」国際企業に育成していく（内藤、二〇〇三）。

内藤家の創業精神「研究開発による世界の人々の健康福祉への貢献」は、三代目内藤晴夫氏にもしっかり受け継がれる。晴夫氏は、アメリカでMBA取得後、アメリカ企業でMRを経験、一九七五年にエーザイに入社した。一九八三年から四年間は、筑波研究所長を勤めている。文系の次期社長は夜遅くまで研究現場を巡り議論を交わした。研究所には活気が溢れて不夜城と化し、後に屋台骨を支えるアリセプトやパリエットなどの新薬候補が誕生した。

一九八二年の開所時から痴呆症の母のためアリセプト研究に取り組んだ杉本八郎氏は、偶然の幸運も呼び寄せ、一九八六年末にアリセプトのベース物質を発見する（桑嶋、二〇〇六）。そして一七年後の一九九九年、日本でアリセプトが承認されたのだ。晴夫氏にとっても貴重なこの研究所時代の経験が、後の理念につながっていく。

エーザイ・イノベーション――知識創造企業へ

一九八八年、晴夫氏は社長に就任し、翌一九八九年、一一月にベルリンの壁崩壊の年、「世の中変わります。あなたは変われますか」ではじまる「エーザイ・イノベーション宣言」を発信した。創業精神はエーザイの企業理念へと進化する。

企業理念「患者様と生活者の皆様の喜怒哀楽を考え、そのベネフィット向上を第一義とし、世界のヘルスケアの多様なニーズを充足する」と、これを凝縮した「ｈｈｃ（ヒューマン・ヘルスケア）」が、組織が目指し、社会に約束する明確な形式知となったのだ。

この企業理念を組織全体に浸透させ、実践行動に結びつけるべく試行錯誤を続ける中、一九九〇年代中頃に野中郁次郎一橋大学教授の「知識創造理論」と出会う。以降、「知識創造理論」が経営上の理論的バックボーンとなり、エーザイは、名実共に日本のナレッジ・マネジメントの先駆的実践企業、知識創造企業として走り続ける。

エーザイはこの頃から、神経・がんの二領域に率先注力し、アンメット・メディカル・ニーズ、いまだ充足されない医療ニーズに挑戦していく。

知創部の新設

一九九七年にはユニークな組織、知創部が誕生した。知創部の役割は、日常業務を通じて理念を実践しｈｈｃを実現すること（ｈｈｃ活動）である。そのため社員のｈｈｃマインドを醸成し活動推進の枠組みを構築する。以来、マインド醸成は深化し、活動も洗練されていった。人事部門研修の他に、認知症患者に一週間寄り添う現場体験を行う。社員は全業務時間の一％を患者と過ごすことが目標だ。またｈｈｃに関する「知識創造サーベイ」を隔年行う。年間のｈｈｃ活動評価のコンテスト「ｈｈｃイニシアティブ」には、一〇人一組の組織単位で六〇〇組織が登録し、優秀な活動が表彰される。

企業理念を定款に明記

二〇〇五年には企業理念を定款に盛り込んだ。二〇〇六年五月施行の新会社法は、社会変化に応じ会社経営を原則規制から原則自由へ転換し、機動性・柔軟性の向上を目的とする。

エーザイは、この企業理念を含む定款を企業DNAとして、定款自治による経営遂行の決意を表明したのである。社会の機関としての企業目的が患者満足の増大であり、結果として売上・利益を生むという因果関係も明示したのだ。

こうしてエーザイ・イノベーション活動は、企業理念をエーザイの組織全体に浸透させつつ具現化する、知識創造理論におけるSECIモデルの実践として展開される。

S（共同化）：患者の傍らに寄り添い、共に過ごし、暗黙知を受け取る
E（表出化）：組織内で対話し、患者の生活に価値あるストーリーを練り、普遍化
C（連結化）：行政や医師会など多方面で、想いを共有する人々と対応策を協議
I（内面化）：一人ひとりが現場実践

業績上の成果は顕著である。一九八七年度一六七一億円の売上高は、五期の中計後の二〇〇九年度に八〇三二億円と約五倍。海外売上比率五割超の国際一流企業に成長する。

激変する事業環境対応

現在、医薬品業界は大構造変化の渦中にある。ここ数十年成長の原動力であった低分子化合物による創薬が成熟期に入り、年間一〇〇〇億円超の売上を長期間もたらしたブロックバスター、超大型薬品が二〇一〇年前後に軒並み特許切れとなる。多くの製薬企業は成長鈍化・停滞している。アステラス製薬や第一三共の誕生など、大型合併も相次いだ。研究開発では、バイオ技術への注力、ベンチャー企業の買収、後発薬の開発強化などが進行中である。

エーザイは二〇〇七年にアメリカバイオベンチャーのモルフォテックを買収し、翌年、アメリカバイオ医薬のＭＧＩファーマを買収する。晴夫氏はこの記者会見で、「患者様への貢献度を上げる意味でも、今後も他社技術を取り入れる選択肢も入る」と、自社開発より患者最優先の意思を明確にした[5]。さらにベンチャー買収により、情熱・決断・任せるオートノミーによる成果達成等、ベンチャーの知がエーザイの経営に強い刺激を与えていく。

新たな研究開発体制――ＥＰＣＳ[6]

二〇〇九年、研究開発体制を一新した。狙いはベンチャーの生産性・スピードと、グローバルファーマの知の融合である。神経系やがん等の領域別創薬プロセス六ユニットと、原薬・製剤、臨床サポート等の技術機能領域六ユニットが連携するマトリックス型組織だ。各ユニットのプレジデントは予算、人事、計画、評価等の幅広い権限を持ち、各ユニットには日米欧の約一五〇人。先述のダンバー数である（Dunbar, 1998）。

確固たる理念、ｈｈｃ

激変の中、エーザイの理念を常に確認、リフレッシュし、患者や家族に向けた新たな知恵と行動につながる気づきを組織の全員に促しサポートする。知創部は前頭葉のような役割を担っている。

二〇〇六年以降、四代目の知創部長は一九八二年入社の理事、高山千弘医学博士である。高山氏は、アルツハイマー型認知症治療剤「アリセプト」の一九九七年のアメリカと一九九九年の日本での承認を担当し、市場投入に関わった。当時の晴夫氏の指示は、「アリセプトを売るな、アリセプトで世の中を変えろ」であった。

当時、認知症を病と認める医師は少なく、医療従事者も巻き込み、新薬が理解され薬効が高まるよう種々の仕組みを整えた。医師の教育プログラム作成、患者が専門医の診断を受けやすい「メモリー・クリニック」の創設支援、認知症フォーラムや検診の全国展開、診断基準策定によるケアスタッフと医師の意思疎通の円滑化、などである。

アリセプトの評価尺度は販売額ではなく、推定患者への浸透度、到達割合である。患者や家族・介護者の生活の質向上を目指す総合的活動がｈｈｃの実践なのであろう。

認知症の患者も、周囲の理解と環境が整えばより豊かな人生が送れる。アリセプトを、薬というモノではなく、「アリセプトを通じて患者様と家族の生活に価値を与える」コトにする努力の一つの到達点が、米子市などの「認知症でも安心なまちづくり」の取り組みであった。高山も「アリセプトの経験がｈｈｃの実践に活きている」と語る。

即応するｈｈｃ

東日本大震災の翌日に副社長、五日後には社長が現地入りした。対策本部など約一〇〇〇ヵ所に薬剤や衛生用品等を送り、ＭＲ用の支援情報共有広場をウェブ上に立ち上げた。高山も現地に入り避難所で被災者と過ごし、新聞社や他企業と協力して被災者向け瓦版の発行に漕ぎつけた。災害時には強制分断された人のつながりが特に重要だ。できることから始め、今後の総合的「まちづくり」の構想につなげるようである。

変化対応の新計画

二〇一一年三月発表の新中期計画のタイトルは「はやぶさ」。七年間の苦闘の末帰還したあの探索機だ。五年で事業構造を大転換し、若干の停滞は覚悟の上で高収益企業に向かう意思表明であろう。中枢神経系やがん等の重点領域は堅持しつつ、バイオ技術等による疾患対象の創薬を目指す。グローバル化では、ｈｈｃ活動を日米欧から全世界に広げる。

ｈｈｃによる世界の患者への対応。理念が第一義なら、手段は二義的である。独自開発にこだわらず、想いを共有する人々と、可能なことは全てやる、という発想。ドラッカー流には、「患者様満足」のミッションを通じた「顧客創造」の企業目的達成へのマネジメント手法の拡大である（Drucker, 1974）。

社会的・経済的価値の創造へ

二〇一〇年一一月、エーザイはＷＨＯ（世界保健機関）とリンパ系フィラリア症治療薬の無償提供を合意、二〇一一年四月に正式調印した。フィラリアは蚊が媒介する熱帯病で、途上国や新興国の放置患者は実に一・三億人。晴夫氏は「無償でなく当面の価格がゼロ円。五〇年視野の長期的投資ととらえ、健康になりエーザイの薬を利用してもらえばいい。薬を配るだけでなく、蚊の撲滅の啓発もやるべき」と積極的だ。グラミン銀行創設者ムハマド・ユヌス氏もいう。「貧困にあえぐ人たちに真に必要なのは、施しではなく、健全な自立への協力である」と（Yunus, 2007）。

二〇一一年一月には、インドでの「医薬品アクセスの改善に向けた官民連携（ＰＰＰ）[7]契約調印」を発表した。現地病院経営企業や患者支援ＮＰＯと組み、アルツハイマーやうつ病等の地域医療の質向上を目指す。エーザイとパートナー双方に価値ある関係構築が目標だ。ポーターは、企業戦略論「ＣＳＶ：共通価値創造[8]」で、社会的価値と経済的価値の創造は両立可能とする。

乳がん治療薬ハラヴェンのインド投入で晴夫氏は、「貧しい人も手の届く成熟市場の一〇〇分の一の価格を目指す」と社内に激を飛ばす。MRに代わるPPP活用等の工夫が必要で、SECIモデルの「連結化」の大きな挑戦である。「hhcがないと、仕事に血は通わない」。アジア、アフリカ、ラテンアメリカ等の難病患者に向き合う内藤とエーザイの決意である。hhcは新たなステージに向かう。

まとめとして

工園

両社は、岐阜県南部に緑豊かで環境に配慮した「工園」を擁している。オーナー企業が出発点の両社には、企業規模や事業分野こそ違え、働く人たちが存分に力を発揮する理想の場を創る、という経営者の共通の思いがあった。

鍋屋バイテック会社は、成長よりも、社員の顔の見える自然体経営を旨とする。伝動と制御用機械要素部品の多品種微量生産と即納という得意分野を探り当て、顧客を創造し続け、地域から世界を見据える。特筆すべきは、最先端技術分野に関わりつつ、ものづくりの速度を人のリズムに合わせられる独特のメタ能力である。時間に追われ部分作業の積み重ねで量をこなすのではなく、個々人が等身大の時間の中で主体的に考え、社会とのつながりを感じつつ、責任と誇りを持って働く場をつくり、活動する。

個々の細胞が活性化すれば生命体は活性化する。企業も同様だ。働く人たちが自主的に感性と技を磨き、潜在能力が引き出される仕掛けを工夫し、数値よりも質感で評価する文化は、一朝一夕で根づくものではない。

エーザイ株式会社は、人の生命に関わり高い使命感を要する製薬産業で世界トップ三〇入りし、難疾患に挑戦し続ける。創業者の強い使命感は、三代、七〇年で高い企業理念に進化し、定款に織り込まれて企業ＤＮＡの形に昇華する。リーダーの内藤晴夫氏は高い志を掲げ、驚異的エネルギーで社員や周囲を鼓舞し続ける。社員は患者に寄り添い時を過ごし、情動レベルの触れ合いを五感で感じ取り、ｈｈｃ実践への活力と栄養を吸収する。個別吸収率はモチベーションに依存するが、吸収される活力と養分の総体が知識企業全体の新鮮なエネルギー源になるようである。

世界でのｈｈｃの理念実現を目指し、創薬にとどまらず、世界の企業や機関とのパートナーシップによる患者への貢献で、患者の包み込みを広げていく。

三つの要点

まず「社会的な存在意義の認識」である。企業は社会の機関である（ドラッカー、二〇〇一）。社会的価値追求の結果が、顧客創造、富の創造、雇用創出につながれば、存在意義は明確だ。近代産業パラダイムでは、効率的利益追求による経済的価値最大化が主で、社会的価値創造は二の次であった。CSR、企業の社会的責任の概念は補完であり、根本的解決とは異なる。鍋屋バイテック会社は、社名に存在意義を表し、独自モデルにより働く人たちの能力を生かす場を創造し、広く認められる存在である。エーザイは、企業理念を含む定款が意義を明快に示す。「患者満足」という社会的価値創造により経済的価値を実現し、世界に認識されている。

次に「全体視野を持つ」ことである。経済的価値の先に社会的価値を見据え活動するには、排除でなく、全体を包み込むインクルーシヴな視点が重要である。社会的存在の強い認識を持てば、広い視野と多様性の認識の中で、柔軟な対応の優先づけが可能となる。正規分布と平均値の、量の論理ではなく、ベキ分布と個に対する、質の目線が重要になる。鍋屋バイテック会社は、顧客の個別ニーズを把握し、社員への質の目線を持つ。エーザイは、世界の患者に目を向け、理念共有可能な仲間と包み込みの範囲を広げる。

三つ目は「動的平衡」である。動的平衡は生命の本質である。企業の場合は、絶えざる新陳代謝と変化対応に組織の意思として取り組む必要がある。鍋屋バイテック会社は、「どんどん変えようどんどん化わろう」の理念を実践する。大企業が変化に敏感に対応するには、志の共有と同時に、志実践の現場を持ち、現場の変化を見つめ把握することが有効である。志が絵に描いた餅で、行動の伴わない例は枚挙に暇がない。エーザイは理念に基づき常に患者の現場に密着し、変化に備える。

おわりに

われわれは非線形・複雑系の自然環境の循環の一部であり、社会活動は自然の流れの中の人の営みである。現代は不確実性の時代である。近代二元論パラダイムが効力を失い、時代の潮流は仮想できなくなっている。

身を任せるべき流れがなければ、自ら考え依存や視野狭窄を脱することの重要性が飛躍的に高まる。自然の中の人間の能力と限界を知り、人間中心主義のエゴイズムに陥ることなく能力を最大限に発揮し、環境の本来の価値を生かすことも可能なはずである。

企業においても、視野を広げ多様性を重視しつつ、思いを共有できる企業や組織との関係性のネットワークを強化し、知の来歴を積み重ね、継続的に創造的進化を遂げていくことが切望される。

注

1　進博夫「農業への期待―創造的、魅力的産業に」『日本農業新聞』二〇一一年一月二六日、五面。

2　ベルトにより回転運動を機械設備に伝える滑車。V型溝により接触面が増加。

3　岡本太一「どんどん変えよう　すばやく化わろう」『致知』二〇〇八年一一月号：六四―六七。

4　岡本太一「どんどん変えよう　すばやく化わろう」『致知』二〇〇八年一一月号：六四―六七。

5　薬事日報「〈エーザイ〉米バイオ企業MGIファーマを買収」二〇〇七年一二月一〇日、http://www.yakuji.co.jp/entry5222.html（二〇一一年四月一一日参照）。

6　エーザイ・プロダクト・クリエーション・システムズ。

7　PPP（Public Private Partnership）：非政府組織（NGO）や非営利団体（NPO）を含めた公的機関と民間企業とのパートナーシップにより、それぞれの機関が有するリソースを革新的な方法で融合することで、その国・地域における課題を解決する手法（エーザイ株式会社一月一七日、ニュースリリースより）。

8　CSV：Porter, M. E. and M. R. Kramer, 2011, "Creating Shared Value," *Harvard Business Review*, Jan.-Feb. 2011（「共通価値の戦略」『ダイヤモンド・ハーバード・ビジネス・レビュー』二〇一一年六月号）.

参考文献

有吉佐和子、一九七五『複合汚染』新潮文庫。
伊藤明夫、二〇〇六『はじめて出会う細胞の分子生物学』岩波書店。
伊東俊太郎・広重徹・村上陽一郎、二〇〇二『思想史の中の科学』平凡社。

河合正義、一九九二『名経営者の行動哲学100人百話』実務教育出版。

桑嶋健一、二〇〇六『不確実性のマネジメント―新薬創出のR&Dの「解」』日経BP社。

篠原資明、二〇〇六『ベルクソン』岩波新書。

下條信輔、一九九九『「意識」とは何だろうか―脳の来歴、知覚の錯誤』講談社現代新書。

下條信輔、二〇〇八『サブリミナル・インパクト―情動と潜在認知の時代』ちくま新書。

大東俊一・奥田和夫・菅沢龍文・大貫義久編著、二〇〇六『自然と人間―哲学からのアプローチ』梓出版社。

田中裕、一九九八『ホワイトヘッド 有機体の哲学―現代思想の冒険者たち02』講談社。

内藤祐次、二〇〇三『ひと筋に歩んできた道』エーザイ。

野中郁次郎・遠山景子・平田透、二〇一〇『流れを経営する―持続的イノベーション企業の動態理論』東洋経済新報社。

福岡伸一、二〇〇九『動的平衡』木楽舎。

Damasio, A. R., 1995, *Descartes, Error: Emotion, Reason, and the Human Brain*, Harper Perennial（田中三彦訳、二〇一〇『デカルトの誤り―情動、理性、人間の脳』ちくま学芸文庫）.

Damasio, A. R., 1999, *The Feeling of What Happens: Body and Emotion in the Making of Consciousness*, Mariner Books（田中三彦訳、二〇〇三『無意識の脳自己意識の脳―身体と情動と感情の神秘』講談社）.

Damasio, A. R., 2003, *Looking for Spinoza: Joy, Sorrow, and the Feeling Brain*, Mariner Books（田中三彦訳、二〇〇五『感じる脳―情動と感情の脳科学よみがえるスピノザ』ダイヤモンド社）.

Drucker, P. F., 1974, *Management: Tasks, Responsibilities, Practices*, published by arrangement directly with the author（上田惇生編訳、二〇〇一『エッセンシャル版マネジメント—基本と原則』ダイヤモンド社）.

Dunbar, R., 1998, *Grooming, Gossip, and the Evolution of Language*, Harvard University Press（松浦俊輔・服部清美訳、一九九八『ことばの起源—猿の毛づくろい、人のゴシップ』青土社）.

Matisse, H, 1972, *Écrits et Propos sur L'art*, Hermann（二見史郎訳、ドミニク・フルカド編、一九七八『マティス画家のノート』みすず書房）.

Russel, B., 1946, *History of Western Philosophy*, George Allen & Unwin Ltd.（市井三郎訳、一九七〇『西洋哲学史』みすず書房）.

Yunus, M., 2007, *Creating a World without Poverty: Social Business and the Future of Capitalism*, PublicAffairs（猪熊弘子訳、二〇〇八『貧困のない世界を創る—ソーシャル・ビジネスと新しい資本主義』早川書房）.

第7章

「知的資本の集積」場としての企業マネジメント

船橋　仁

知識社会の潮流を紐解く

はじめに

企業変革がなぜうまくいかないのか？　それには多くの理由がある。企業を取り巻くステークホルダーはさまざまな期待をしている。投融資をした人達は、企業から金銭的なリターンを得ることを期待する。企業の内部で働いている人は、報酬もさることながら、自分の仕事に対するやりがいや企業理念への共感が重要なモチベーションとなる。顧客は、商品、サービスそのものへの嗜好性は当然として、付加価値としてのブランドイメージの心地よさや、企業姿勢の共感を求めている。このようにさまざまなステークホルダーが企業に対してさまざまな期待を寄せているが、企業の実態はそのような期待に応える準備、方法論が確立されているとはいい切れない。企業構造は旧態然とした階層的、縦型組織が依然として多く存在しており、開発から販売までの価値創造とは組織横断で流れていくものであるが、それを束ねる機能が弱く、人材も配置されていない場合が多く見受けられる。企業は今や震災で切実な問題になったように、単一の組織体だけでは成り立たなくなっており、企業の外との良好かつ深い関係性なくして存続できない。問題解決には、これら諸問題を一括して束ねるリーダーの存在とその解決に向けた方法論の確立が必要だと考えている。企業は「見えざる価値」である「知的資本の集積場」である企業を経営するリーダーは知的資本を活用すること、そしてその知的資本を企業価値に変換するための「場」が必要であると提唱し、実践してきた。本章では、これら課題と、その課題解決の根本原理となる知的資本とそのマネジメント方法としての「場」の活用について、ステークホルダーとの関係性を機軸に解説し、読者の経営改革の一助になればと思う。

社会潮流を理解する

「工業化社会からポスト工業化社会、そして知識社会へ移行していく」。インターネットによるグローバルな規模での情報流通は、今までのパラダイムを大きく変えてきている。日本の企業は工業化社会の波に乗り、品質の高い製品を開発、製造、販売し、世界に冠たる「ものづくり大国」となった。「made in Japan」は世界において「高い品質」の代名詞になっている。今や製造拠点として日本に取って代わりつつある中国においてさえ、キヤノンやソニーのデジタルカメラはブランド製品として広く大衆にまで認知されている。しかしそれら一部の「ブランド」化した製品を除く、多くの工業製品、部品などコモディティ化しているものは、グローバルな規模での価格競争にさらされているのも事実である。一方で有形な製品、資産を持たないサービス産業はグーグルやフェイスブックなどに代表されるように、無限の可能性を与えられ、自然増殖的に企業価値が増大している。

このような現状を目の辺りにしている今日、われわれは、知識社会に移行するというパラダイム変化が、自分たち自身、当事者として、どのようにビジネスや生活そのものに影響を与えていくのか、その本質的な意味を理解し、自ら時代に適合した見識と行動を求められている。

無形資産の開示に関する研究者であるニューヨーク大学のレヴは、「一九八〇年代半ば以降、企業を取り巻く環境は大きく変化した。ひとつには貿易の国際化や、通信、電気、運輸や金融サービスなど経済の重要分野での規制緩和によるビジネスの競争が激化したことである。もうひとつは、インターネットに代表される情報通信技術（ＩＴ）が進展したことである。この二つの進展は、企業の構造を劇的に変え、無形資産が価値創造の重要な役割を担うようになったということである」(Lev, 2001, p.9) と指摘している。

ドラッカーは「知識こそが、あらゆる種類の仕事において、鍵となる資源である」(Drucker, 1993, p.138) と指摘している。またバートンジョーンズは「工業化社会の幕を引くように、知識を基盤とする経済への移行が進展している。そうした影響を受けて、労働や原材料、貨幣資本といった伝統的な生産要素の役割は序々に変化しつつある。象徴的な資源が実物資源に、頭脳労働が物理的労働に取って代わり、知的資本が貨幣など他のあらゆる資本と肩を並べる存在になりはじめている」(Burton-Jones, 2001, p.46) としている。

今後ますます経済活動における知識集約的なサービスの重要性が増していくであろう状況の下

で、当然のことながら、企業をめぐる社会環境も劇的に変化し、企業におけるステークホルダーと企業との関係も大きく変わってくることを認識する必要がある。「新しいワインは新しい革袋に」といわれるように、われわれは、企業という存在に対し、時代に適合した本質的な価値を認識し、それにふさわしい適切な対応が求められてくる。

企業という存在を実体に即した認識を持つためには、工業化社会において中心的役割を果たしてきた「目に見える価値」である金銭や有形資産などを把握し、伝達可能にしてきた財務情報に加え、ポスト工業化社会を経て、知識社会に移行するということは、「目に見えない価値」である人材価値や組織力、顧客リレーション力など、これまで可視化し、伝達するためのフォーマット（規範）が欠けていた非財務情報たる「知的資本」に関する情報も把握し、情報として開示することが求められる。

本章では、「知的資本」という概念を使って、来るべき知識社会における知的資本の実体を論理的に解明することにより、企業を取り巻く社内外のステークホルダーが、その企業の持つ価値を公正かつ適正に評価することを可能とし、「企業」という「場」を正しく認識し、社会と共生し、持続可能な経営を実現させる新たな経営手法の提示になればと考えている。

企業を存続させるステークホルダーとの関係性を理解する

企業を取り巻くさまざまなステークホルダーに提供される情報は、依然として財務情報が中心である。知的資本（会計用語としては無形資産）など、非財務情報の提供方法については、アナリストによるヒアリング情報などがあるが、質量ともに充分とはいえない。

東京証券取引所第一部、第二部上場、ジャスダックなど、日本には上場企業が約三九〇〇社弱あるが、証券アナリストが継続的にウォッチしているのは、約五〇〇社に過ぎないといわれている。日本を代表する一部上場一六〇〇社強でさえ、わずか三〇〇社程度しかカバーされていない、というのが実態のようである。つまり、ステークホルダーにとってアナリストがカバーしている特定の企業以外の大多数の上場企業に関する評価は、証券取引所に提出を義務づけられている財務情報とわずかな定性的な補足情報により判断するしかない状況である。

また、アナリストがウォッチしている特定の企業についても、そのレポートにインタビューの実施によって得られた定性情報が十分に反映されているかといえば、必ずしもアナリスト自身がその分析や伝達方法に関し、企業の実体価値を包括的に理解した上で、適正に伝達しているとは

図表7-1　知的資本における異なる観点

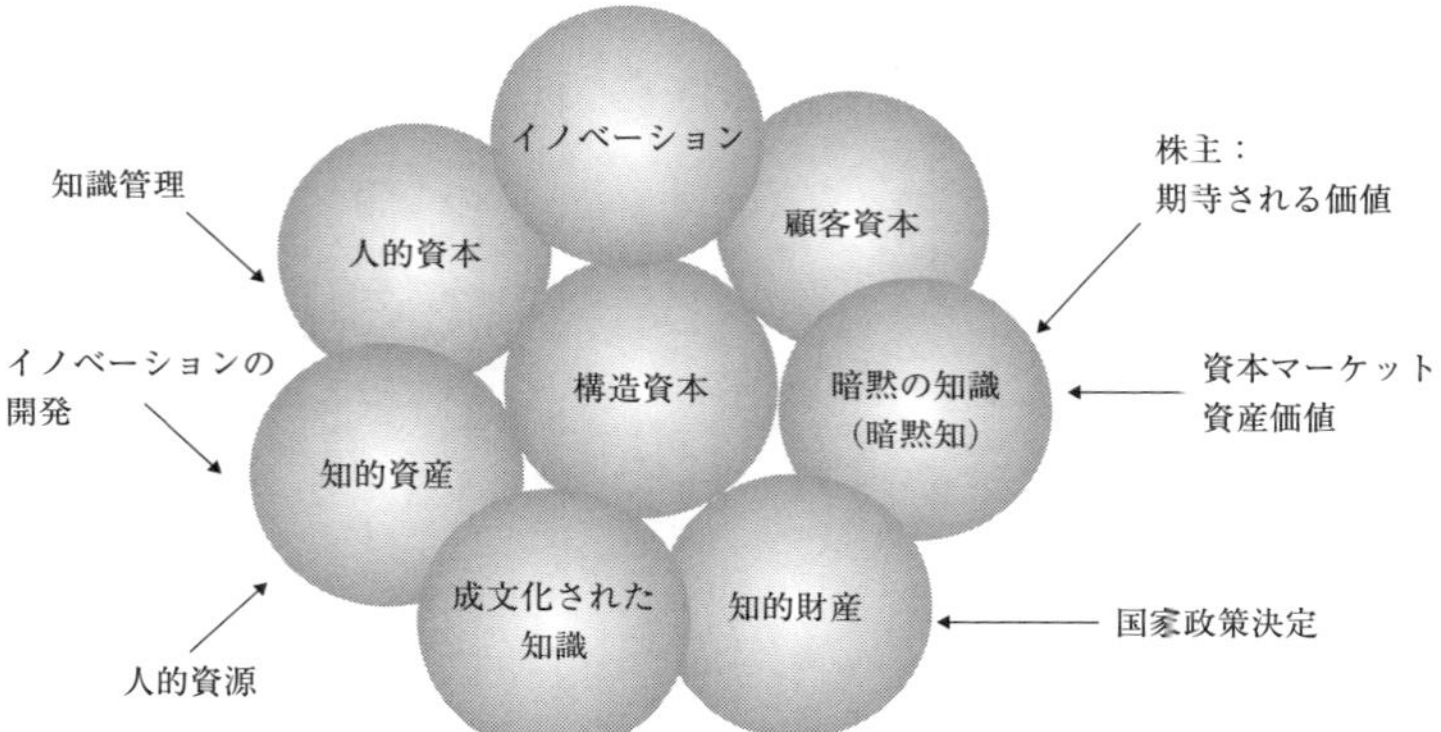

出所：森田監修、船橋訳（2002）p.19

言い難いと思われる。さらに、アナリストと異なり、企業経営の当事者との接触を持つ機会の少ない一般投資家と企業との間にはさらに大きな情報格差が存在しており、企業の実体価値を公正に理解することがさらに困難であると認識される。

また、たとえ定性的な非財務情報が提供されたとしても、各ステークホルダーによって企業を見る視点が違うため、「認識のズレ」が起こりやすいという問題がある。現代の企業はステークホルダーと密接な関係性を持っており、企業経営者はそれぞれとの利害関係の調整の任務を課せられている。すなわち、株主、アナリスト、従業員、顧客、取引先のそれぞれとの利害調整を行いつつ、企業をゴーイングコンサーン（継続企業体）として存続させ、成長させていくことは、経営者の重要な役割である。

図表7－1に示すように、企業に対してそれぞれのステークホルダーが多様な立場からさまざまな

認識で企業という存在を認識しており、その結果、企業と各ステークホルダーとの利害関係の調整は、必ずしも容易ではない。

アメリカにおける知的資本経営に関する第一人者であるサリバンが指摘するように、例えば資本マーケットの関係者は、「知的資産はビジネス資産であると考え、特定の企業が保有する知的資産の量に関心を持ち、それがどのようにして価値として評価され、その価値が会社のバランスシートにどのように影響するか、そしてその価値に関する情報を現在の株主や将来の株主にどのように提供するかということに関心をもっている」(Sullivan, 2002, p.18) し、企業のマネジメント担当者は、「知的資本の量と、それよりも重要なキャッシュフローを増大することのできる能力をどのようにマネジメントするかにある。知的資本に関する業務を行っている企業マネジメント担当者は、その企業の将来のキャッシュフロー、将来の経済的利益、そして将来の競争優位の維持に焦点を当てる」と考えられている。このように、企業と企業を取り巻くステークホルダーとの「認識のズレ」を調整するためには、企業という存在を共通に認識する概念整理と、見えざる価値である非財務情報を何らかの方法論で統一することが求められると考える。

企業とは知的資本の集積「場」である

企業という「場」は「知的資本の集積」である

工業化社会において、企業とはロナルド・H・コースが唱えた通り「契約の束」としての法的な存在であり、市場での取引コストをミニマイズするために企業が存在するという無機的にとらえる見方が存在した。また資本家と経営者をエージェンシー理論としてとらえると、財務資本の出し手をプリンシパルと考え、経営者をそのエージェントと考え、金銭資本提供者にとって企業およびその経営当事者は、あくまで資本家からの経営委託者としての立場に一元化されてしまう。しかし、これからの知識社会においては、ドラッカーが「企業にとって株主が一時的な存在であり、経営者や従業員が永続的な存在である」(Drucker, 2005, p.21) と指摘している通り、財務資本の提供者と同様、非金銭的な価値、すなわち「知的資本」を提供しているステークホルダーとの関係性の上で企業が成り立っていると考えることが、企業の実体をとらえる上で重要になってくると考えることが重要である。つまり、企業とは、社会的な存在としては、有形な価値を提供しているステークホルダーと、無形な価値としての「知的資本」を提供しているステークホルダーの存在の上に成り立っていると考えることが望まれている。

このことは、企業という存在をとらえたとき、「有形、無形な価値の集積体」ととらえることもできる。それは、企業組織としても、工業化社会における製造業に多く見られた統制型組織、内部組織だけで大半の企業活動が完結するような閉鎖的かつ階層的な組織体としてとらえるよりも、社内と社外の境界線がなくなっていくような組織体、すなわち、人的な価値の提供者であれば、正規雇用者だけでなく、コントラクトベースの業務委託者や、外部からノウハウや経験を提供するコンサルタントなどの人的な価値提供者などとの連携を柔軟な形で可能とする開かれた組織体が有効であると考える。言い換えれば、これからの企業体とは、有形な価値を提供するものと、無形な価値を提供するもの、企業内部で価値を創造するもの、企業の外側から価値を提供するもの、などさまざまなステークホルダーが相互作用的に価値を提供しあう企業体であることが望ましいと考える。つまり企業とは、境界線のない協同体、一種のコミュニティのような存在ともとらえることで、急速な環境変換に対応できるだろう。

これからの知識社会に適合する企業とは、有形な価値と無形な価値の出し手であるステークホルダーが相互作用しあい、バランス良く共生する存在、「ステークホルダーバリューカンパニー」であると考える。そして、このような多岐にわたる企業と企業を取り巻く利害関係を調整し、企業を持続成長に向けて舵をとる存在としての企業経営者の責任と役割はますます重くなりそうである。その環境下において、企業経営者は、経営能力を企業に提供しているのであるが、言い換えれば、企業という実体と企業を取り巻くステークホルダーとの「認識のズレ」を調整し、企業の持続成長のための主体的な経営の担い手としての価値を提供していると理解するものである。

企業を取り巻くステークホルダーの存在認識

企業をさまざまなステークホルダーの集積場、コミュニティととらえた上で、ステークホルダーを三つの分類、財務資本、人的資本、関係資本の三つの有形、無形資本の観点で、その関係性を定義してみた。

財務資本提供ステークホルダー

株主は、株式購入という形態で、銀行をはじめとする金融機関は、貸し付けという形態で価値を提供し、企業の財務資本構築に貢献する。

人的資本提供ステークホルダー

人的資本提供ステークホルダーは、主として企業の経営を担う人材から提供される価値と、企業活動の実務遂行を担う従業員から提供される価値とに大別される。経営を担う人材とは、商法上の取締役および執行役員など執行責任を負う経営の意思決定者を総称する。従業員とは、企業に雇用、もしくは業務委託などの形態により企業と直接契約された個としての人材を総称する。

経営者は、人的資本のうち経営（マネジメント）に関する価値を提供する。ビジョン策定、戦略策定およびマネジメント能力など、経営全般にわたる価値を提供するとともに、企業を取り巻くステークホルダーの「認識のズレ」を調整し、企業の持続成長を実現させるための企業家（アントレプレナー）としての価値を提供することで、役員報酬など金銭的なリターンとの差額分を付加価値として企業にて提供する。

従業員は、人的資本のうち戦略の実現支援に関わる価値を提供、すなわち社内および社外のステークホルダーに対し価値の創造、伝達、交換機能を担う形で価値を提供する。これら一連の活動を通して給与、報酬などのリターンとの差額分を付加価値として企業に提供する。

関係資本提供ステークホルダー

関係資本は、企業の事業活動（バリューチェーン）を外部から支える存在として、二つに分類される。すなわち、企業の最終供給価値である商品、サービスなどを供給する側にいる関係者と、その最終価値の購入者である顧客である。

材料供給業者、業務請負業者、コンサルティング企業などの外部パートナーは、経営者が策定したビジョン、戦略を実現させるために必要不可欠な価値創造プロセスの一部を請け負う形で、価値を提供し、商品代金、コンサルティング料などのリターンとの差額分を付加価値として企業に提供する。

顧客は、企業の経営者、従業員、およびその外部パートナーなどから提供される価値を購入することによって価値を提供する。すなわち顧客は、顧客自身が商品、サービスを企業が提供する価値と原価の差額を購買という直接的な付加価値を企業に提供する。またその価値提供のあり方は、企業そのもの、およびその商品、サービスに対するロイヤルティという形で企業に対して価値を提供する。これは、企業の顧客資本である顧客基盤、顧客リレーション、顧客ロイヤルティといった価値を構成する。

このような企業を取り巻くステークホルダーが提供した価値は、企業の価値創造プロセスを通じて、社内外のステークホルダーとの相互作用的な活動の結果から、企業内部にストックとして蓄積されることになり、この価値は、企業内部に組織資本として蓄積される。

企業の実体価値と知的資本

企業の実態価値、ホリスティックバランスシート概念

企業の価値をいかに評価していくかという命題に対し、有形な経営資源に加え、無形な価値である「知的資本」の概念が着目されている。この概念は、エディスペンローズを祖とする資源ベース理論（Resouce Based View）や知識ベース理論（Knowledge Based View）などから多くの影響を受け発展してきたとされており、特に、一九九〇年代にスエーデンのスカンディア社が成し遂げた知的資本経営の成功モデルが世界的にもたらした影響は大きく、その後、欧州ではデ

ンマークにおいて知的資本の開示が法制化、オーストリアでは、大学の知的資本の開示の義務化が実施されている。また日本においては、経済産業省との一〇年の取り組みが継続されており、知的資本経営報告書の策定を推奨するガイドラインが発表されている。これらの取り組みは、すべからく、企業、大学など事業体を支える社内外のステークホルダーとの間での「認識のズレ」を調整し、価値を正しく認識することに成果を上げている。

財務資本は、企業の実体的な活動を行った内部ステークホルダー、すなわち経営者のリーダーシップや従業員の献身的業務遂行、外部から企業活動を支えるパートナーが顧客に提供した価値の対価として企業が内部に蓄積可能なものであるといえる。

言い換えれば企業は、財務資本を軸に資本をインプットされ、それを価値の創造、蓄積のプロセスを通じて得た対価を再び財務資本としてステークホルダーにアウトプットするという循環モデルを形成している。しかし問題なのは、これら金銭を媒介にした企業活動モデルは、知識などの無形な価値が、金銭などの価値と同様に価値があると考えられる今日の経営環境を反映したものではないことである。今や、財務情報のみで構成されるモデルに基づいてマネジメントを行うことは、経営判断の基礎となる考え方として十分ではなく、またマネジメントの結果として情報開示を行う際にも情報として不十分であると考える。

このため、「企業」を、「目に見える価値」（資産）に関する価値認識に加え、「目に見えない価値」である「知的資本」も包含して認識し、そのことを通じて各ステークホルダーが共通の尺度で価値を認識することが可能となるような価値認識の体系が必要とされる。もちろん、その際には、これまで金銭という価値を媒介にしてきた財務資本の提供者の側からも、また人材能力や顧客ロイヤルティの提供者たる様々なステークホルダーの側からも、共通に理解できるような包括的な価値概念であることが必要である。

企業の実体運営に参画しているステークホルダーが無意識的に（あいまいに）理解している無形な価値の認識を、会計の枠組みでは金銭価値化が困難な価値、すなわち「知的資本」と定義し、ひとつの概念整理が可能ではないかと考える。そこでこれを企業の実体価値を包括的に把握する枠組みとして、ホリスティックバランスシート（Holistic Balance Sheet: HBS）という考え方を提唱する。

図表7－2のように、バランスシートの体系を利用し、企業価値とは、ステークホルダーから提供された有形な価値、すなわち有形資本（資産）と、無形な価値、すなわち無形な資本（資産）とする二つの資本概念の組み合わせによってとらえることができると考える。ただし、このHBSは、実際すべての無形な資産を金銭価値化できないことから、あくまで概念整理のためのモデルであり、実際に活用する際には、オンバランス化困難な資産については、価値として認識することが容易な形態に変換すること、すなわち代理変数化や定性的な情報によって目に見えない価値を可視化し、評価できる手法を開発することが必要となる。

株式時価総額と簿価の差額のギャップとして現われる「目に見えない価値」の認識について、

図表7-2　ホリスティックバランスシートの概念図

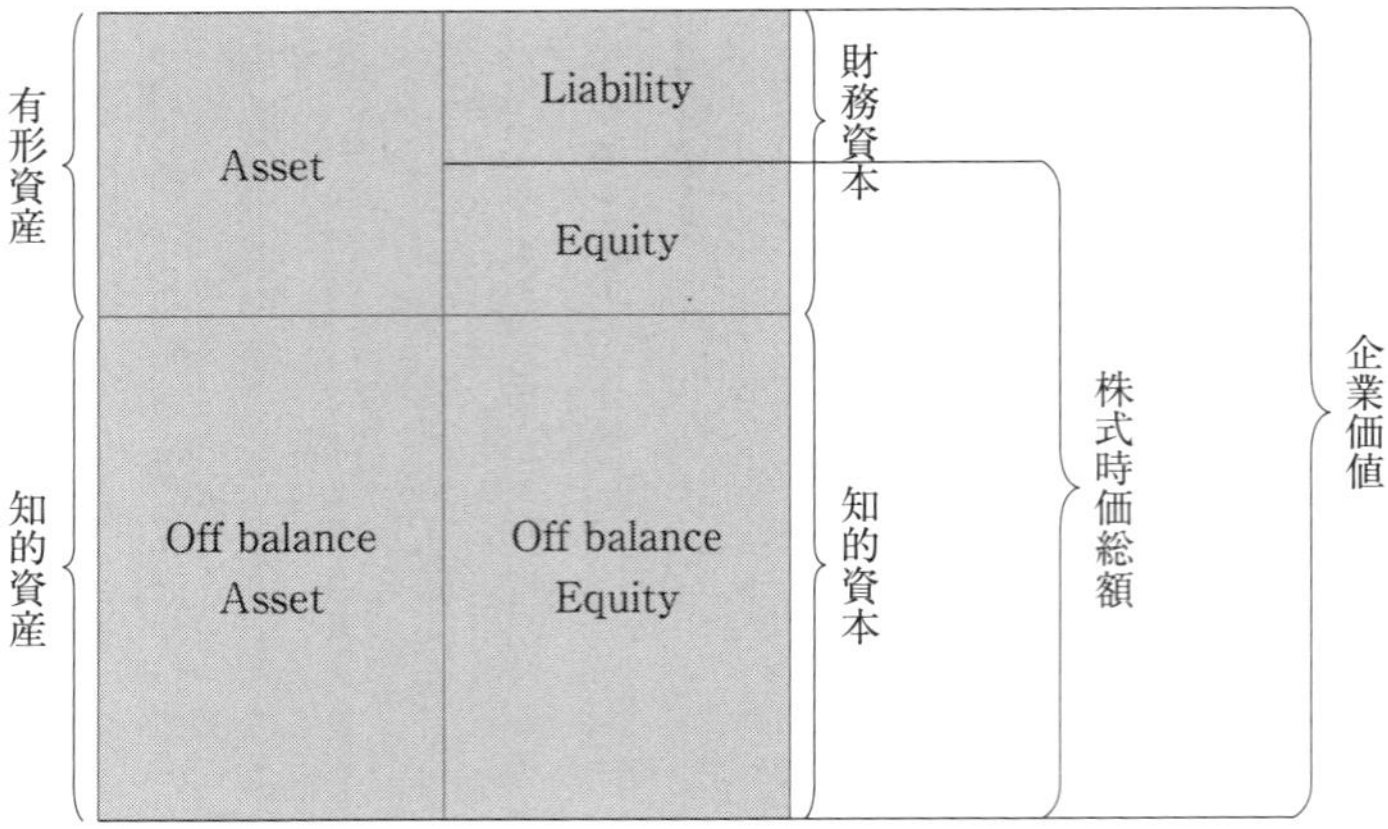

企業価値として投資家が認識した市場価値のごく一部しか現行会計の枠組みでは表現することができない現状に鑑みると、ＨＢＳのような概念はステークホルダーが共通で企業価値についての包括的な認識をとらえることに資するものと考える。

一方、このＨＢＳの図を企業の実体経営に従事するステークホルダーが考える企業価値概念を取り込むと、企業価値＝財務資本＋知的資本　が成り立っており、企業価値を財務資本と知的資本の総和と定義する。

知的資本は、量的には時価総額から市場の単なる観測・心理による部分を差し引いたものであり、ここでいう企業価値は日々変化する時価総額によるものとは違って、企業の実体価値を的確に表しているということになる。

財務資本は、現金や債権などの金銭的な資産と、工場や機械、土地、社屋などの物的資産から

図表7-3　企業価値、知的資本の構成概念

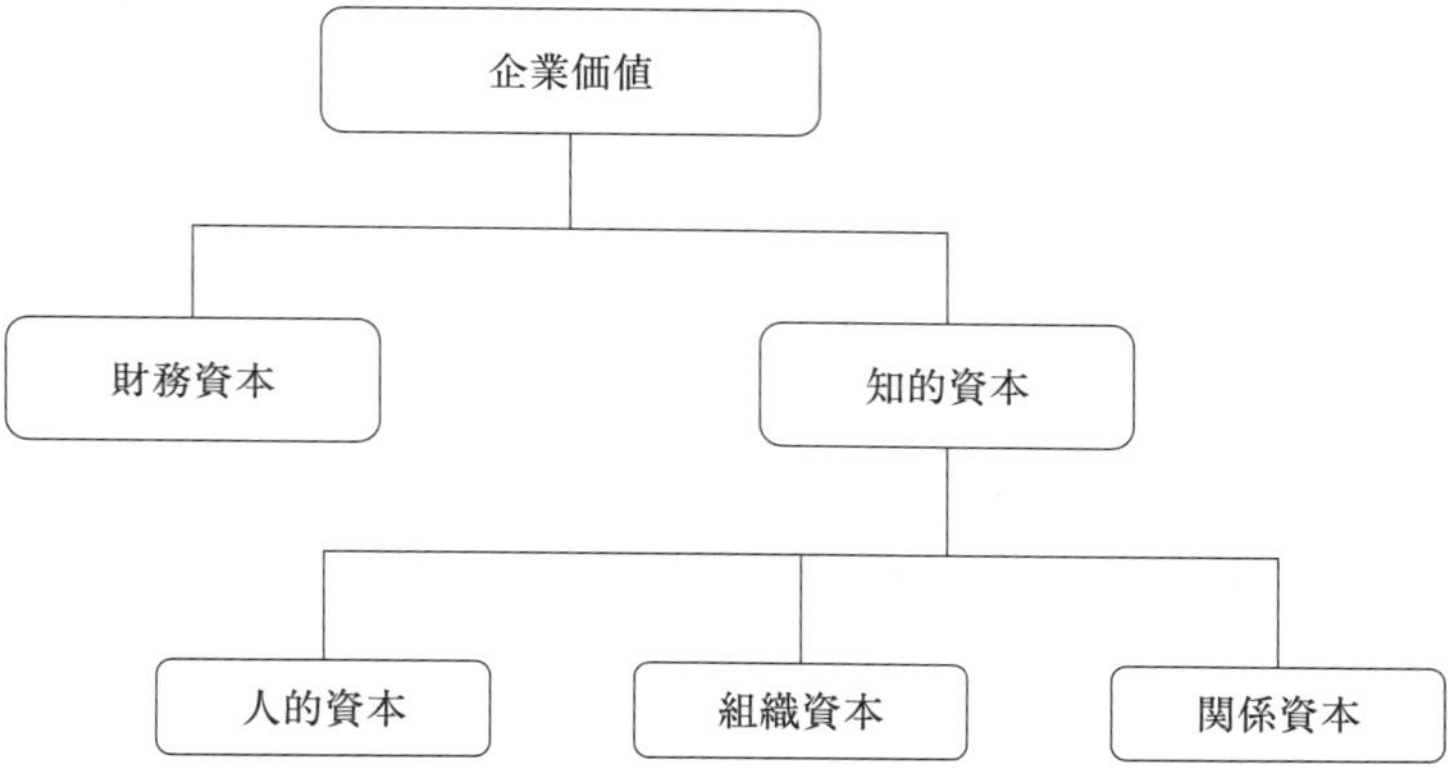

成り立っており、オンバランス可能なものである。知的資本は、金銭価値化が困難なため、オンバランスすることが困難なため、新たな価値尺度が必要との認識である。

知的資本の定義

サリバンが「無形な資本に対してさまざまな定義や用語が存在するのは、企業と企業を取り巻くステークホルダーがさまざまな異なった視点でとらえられているからだ」（Sullivan, 2000, p.16）と説明している通り、知的資本とは、「多様な形にとらえることが可能な無形な価値」であると考える。企業を「資源の束」ととらえてきた資源論の観点から企業をとらえると、知的資本とは暗黙知や知識、経験など「企業価値の源泉」であるととらえられており、企業を市場における競争優位の観点からとらえている戦略的資源論では、コアコンピタンス、ケイパビ

リティなど「競争優位の源泉」としてとらえられている。

以上のような観点を包括的にとらえ、知的資本を「ステークホルダーから提供され、企業活動を通じて活用、蓄積される無形な価値の総体」と定義する。また会計の観点との整合性においては、「企業価値のうちでバランスシートに記載が困難な無形な価値、非金銭的価値の総体」と定義する。また、経済産業省等の検討を通じて、知的資本は人的資本、組織構造資本、関係構造資本からなることが概ね公知のものとなっており、ここでもこの考え方を知的資本の構成要素と定義する。

知的資本＝人的資本＋組織資本＋関係資本

また企業価値と知的資本との関係とあわせて図示すれば、図表7－3のようになる。

知的資本マネジメント方法

人的資本からの価値創造（組織資本化）

VRIOフレームワークを提唱し、企業の競争優位の源泉を希少性かつ模倣困難性であるとしているジェイ・B・バーニーは、「企業の競争優位は、その企業の保有する経営資源やケイパビリティの価値、希少性、そして模倣困難性に依存している。しかし、競争優位を真に実現するには、その企業がそれらの経営資源やケイパビリティを十分に活用できるように組織されていなければならない」としており、経営資源を十分に運用するための組織の必要性について説いている。ここでいう経営資源には、「目に見える価値」である有形な財務資本や物的資本のみならず、「目に見えない価値」である無形な知的資本も含めた経営資源一般が含まれている。これらの経営資源を企業が持続的に成長していくプロセスにおいて最適に活用するためには、大きく二つの視点で、知的資本の評価とその活用を検討すべきであると考えられる。第一に、企業活動をバリューチェーンとしてとらえ、適時モニタリングできるようなプロセス資本化（仕組み化）の必要性がある。第二に、企業が保有する経営資源をできる限り有効に活用するという点で、知的資本

図表 7-4　知的資本に対する役割の決定

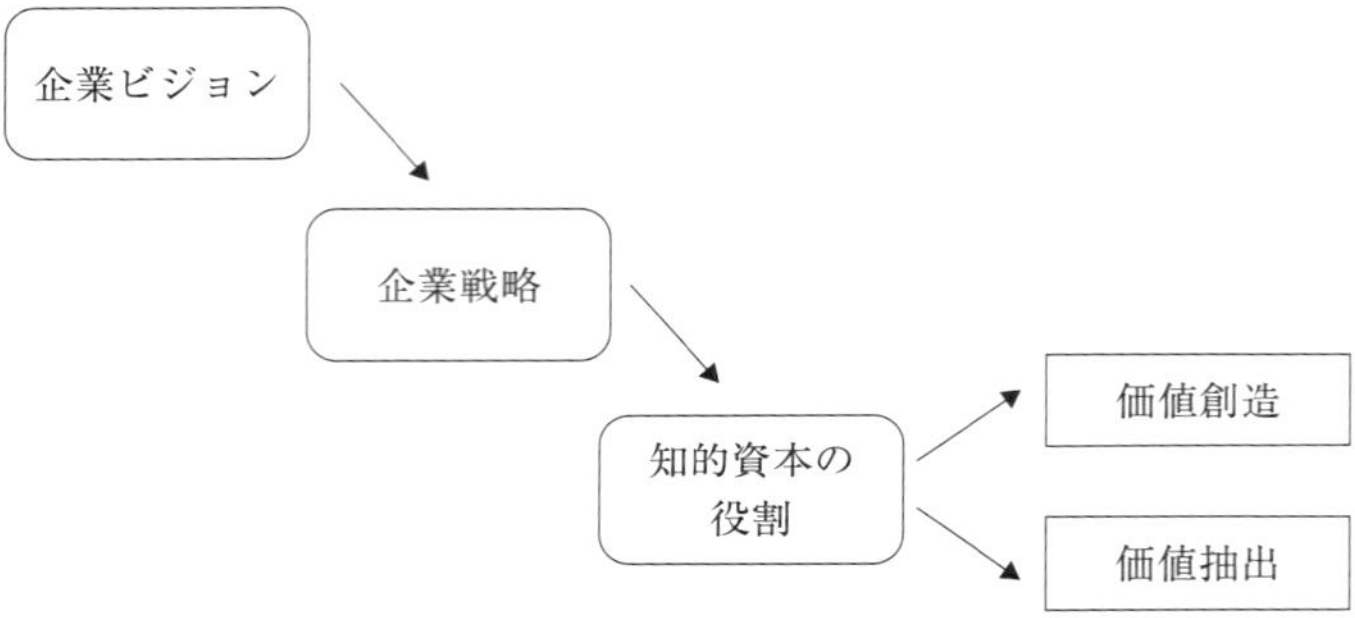

出所：Sullivan（2000）より筆者作成

ベース理論と資源ベース理論の考え方は親和性があるが、資源ベース理論の文脈に沿って、知的資本評価を経営マネジメントに活用する際には、企業ビジョンや事業戦略を実現可能とするケイパビリティ（企業が保有する能力）として強化させることが求められるという点がある。

サリバンによると、例えば、「ドキュメントカンパニー」を標榜するゼロックス社の場合、そのビジョンや戦略は、「ドキュメントとは何であるか」という概念を最新の技術の観点から見て再検討することによって得られるとしている。その上で、人的資本は将来の製品やサービスの基盤であるというような、知的資本に対して期待される比較的明確な役割が確立され、どのような新知識を創造しなければいけないのか（価値創造）といった点や、将来の製品やサービスから得られる収益および技術面でのリーダーシップをゼロックス社が演じることによって得られる評判とイメージが引き出される（価値抽出）というわけである。

ティースが指摘した「ダイナミック・ケイパビリティ（激化するビジネス環境に適合し、企業の競争優位を確立するコアコンピタンスを新たに創出する能力（Capacity）のこと）」（Teece, Gary and Amy, 1997, p.516）を可能にするための組織内学習の過程は、ＳＥＣＩモデル（野中・竹内、一九九六：九二―一〇五）で説明することができる。よく知られているようにＳＥＣＩモデルとは、企業における暗黙知と形式知のスパイラル変換プロセスとして示される。そして「「組織的知識創造」の技能・技術こそが日本企業成功の最大要因」であるとしている。ここで、組織的知識創造とは、「組織成員が創り出した知識を、組織全体で製品やサービスにあるいは業務システムに具体化すること」であり、「日本型イノベーションの鍵」でもあり、「日本企業が、イノベーションを絶え間なく、漸進的、スパイラルに生み出すのを得意としている背景には、実は組織的知識創造の能力がある」からだと指摘している。

また、組織的知識創造のプロセスに関して「日本企業は、貪欲に顧客、下請け、流通業者、官庁、そして競争相手からも新しい洞察やヒントを求めた」こと、一方で「外部から取り込まれた知識は、組織内部で広く共有され、知識ベースに蓄積されて、新しい技術や新製品を開発するのに利用される」ことから、このような「外から内へ、内から外へ」という変換プロセスこそが日本企業の成功の鍵であり、このような知識創造による連続的イノベーションが「日本企業の競争優位につながった」として、暗黙知と形式知の相互作用という「ダイナミクス」の重要性を指摘している。

さらに分析を進めて、「知識創造プロセスのうち最も重要なのは、暗黙知が形式知に変換されるときである。別の言葉でいえば、われわれの勘、知識、メンタル・モデル、信念、そして体験が、形式的・体系的な言語で伝達できるなにものかに変換されるのである」としている。

硬直化した「場」の創造的破壊

企業を法的虚構、legal fiction と見る考えは、企業自体を厳格なルールで統制しようとしている。それぞれ専門化された組織は、横とのオープンなコミュニケーションよりも、閉じられた組織としての情報管理を優先しがちである。そして、財務畑、法務畑、人事畑、営業畑など、いわゆる閉じられた部門としての「畑」が形成され、一種の村社会を形成していく。これらの村社会では、おのおのの領域における専門性が高まっていくことで、高度なサービスを提供できると考えられてきた。しかし、一方で、その村以外からの価値を受け入れる土壌がなくなり、自分たちの仕事こそ正しいという唯我独尊の価値観を生み出すリスクをはらんでいる。特に大組織を運営している企業にとって、リーダーシップを発揮しなければならない社長が、実は一番頭を悩ませているのは、この硬直化した組織体であると実感している。村社会のそれぞれのトップは、自分たちの役割意識に高い専門性に対する自負とプライドを持っている。アメリカ型の組織編制、コーポレートガバナンス強化により、それぞれの機能において権限を有し、互いの組織を牽制する、あるいは監査することが強化され、「説明が困難な余計なことはやらない」という暗黙のルールができあがっている。企業変革を実行する際、今までの経験では成しえないチャレンジが必ず必要になってきており、それはリスクを伴うものであり、未知への挑戦である。それを経営トップが実行しようとした時、これまでの統制型組織が弊害になることがある。つまり「変化をしなければならない、経営改革」において最も変わらないのはこれら縦型の階層組織、部門であるわけである。これらの組織を、よりオープンに、かつ相互作用的に情報が交換できる、規制の組織とは違う「場」が求められる。

価値創造の「場」をマネジメントする役割

CEOを補佐する企業の縦組織を横串しで統括し、社外との連携もマネジメントできる存在が必要との声が高まっている。経済産業省の研究会においても、従来の縦型組織の弊害を打破し、企業の価値創造にそって、開発、製造から、販売、顧客へのアフターフォローまでの一連のバリューチェーンを横串で束ねる機能、役割の必要性があがっている。

これまでの工業化社会においては、CEO自らの役割と思われているが、実際には時間的にも物理的にも不可能であり、COOの立場の人が実践しているのが実態であろう。

また組織が大規模である場合は、特に実践活動を司るミドルマネジメント層への日々の支援としてはCBO（Chief Branding Officer）もしくは知的資本ディレクター（Director of

Intellectual Capital）としてのポジションを創設することを推奨している。ＣＢＯとは商品、サービスブランドを束ねる人ではなく、企業価値＝コーポレートブランドとしてとらえ、企業の価値創造活動を束ねる人材のことである。ＤＩＣ（知的資本担当ディレクター）とは、一九八〇後半からスウェーデンのスカンディア社が設置したポジションがルーツになっており、その任にあたったレイフ・エドビンソン氏は現在北欧諸国だけでなくＥＵにおける企業、大学組織、政府組織におけるＤＩＣおよびその活用の場としての Future Center 構想の推進者として活躍している。

これらの活動の中心となるのは、企業、組織の現場との対話を重視し、企業の「見えざる価値」を可視化すること、社外のパートナーがどのような価値を外から持ち込んでいるかを対話しながら可視化し、いかに収益につなげていくかをストーリーに落としていくことである。スカンディア社は、一九九〇年初頭、ストックホルム証券市場に上場した最古の企業として尊敬を集めていたものの、ビジネスモデルの差別化がなくなり、もはやオールドエコノミーとの烙印を押されつつあった。ＤＩＣに就任したレイフ・エドビンソンは社内外の知的資本を「In-Depth Interview」をいう手法を活用し、社内外の重要なステークホルダーが頭の中にしまっている隠れた価値を可視化し、自社のコアコンピタンスを見つけ出することに成功した。さらに強化すべき機能と他社との連携を強化すべき領域を明確に分け、変額保険事業に経営資源を集中させ、経営モデルをバリューチェーン上で再構成し、高収益な企業へと脱皮をはかった。

今後企業のトップは、ＣＯＯ、ＣＦＯ同様、重要な役割としてＣＢＯ（ＤＩＣ）を設置し、活用することが望まれると考える。

知的資本マネジメント成功要因

経営者が企業変革を実現させようとリーダーシップを発揮し、プロジェクトを推進し、成果を出すための成功要因を次にあげる。

① 経営者は、縦割りの組織の権益代表者を横串で束ねることができる肝の据わった人材をＣＢＯ（ＤＩＣ：知的資本担当ディレクター）として設置する。

② 企業の価値創造をなすバリューチェーン、すなわち、開発、製造、企画、マーケティング、販売、メンテナンス、顧客マネジメントなどの各領域において、自部門の部分最適な判断を超えた、事業横断の考えができるような「場」を創設する。

③ 新たな価値創造を目指す上で、「場」の参加者が、建設的な意見を出し合える「ポジティブアプローチ」方式を導入し、それぞれの部門の強みと弱みを知的資本評価を実施し、可視化、共有する。

④ 独善的な意見が「場」を支配しないように、経営陣、社員、取引先、顧客、市場関係者など、重要なステークホルダーからの声を元に自社の知的資本を評価し、その結果から自社の強み、弱みを共有し、価値創造ストーリーをつくる。

⑤ 部門横断で実現したい共通のゴールであるビジョンを策定し、ステートメント化し、共有、浸透をはかる。

⑥ それぞれの担当者が横串で実行し、実現したいアクションプランとその成果となる指標（ＫＰＩ）を設定し、その実現に向けた相互協力的な航海図を作成、共有する。

日立アプライアンス社

これまで解説してきた知的資本のマネジメント方法を実際に企業変革に適用した事例として、日立アプライアンス社を取り上げる。ケースの公表については、日立アプライアンス社の山本晴樹社長（知的資本経営手法導入時は常務取締役）とのインタビュー議事録（二〇〇七年、一二月一九日収録）からのコメントを引用し、実際の経営を推進した当事者からの生のコメントから、その理論と実践の両面から実効性を解説する。

【ケース】 知的資本の活用による企業統合
社名：日立アプライアンス
設立：二〇〇六年四月一日
事業概要：空調（業務用・家庭用）および白モノ家電製品の開発、製造、販売

背景

海外市場に強みを持つ日立空調システムと、国内市場に強い日立ホーム&ライフ・ソリューションが合併し、二〇〇六年四月に新会社・日立アプライアンスが設立された。日立製作所グループの数ある工場の中でも、最も伝統がある多賀工場を抱える、日立の戦略子会社である。この戦略統合を成功させるために、統合プロジェクト責任者であった山本氏（当時常務）は、次の方針を打ち出した。

① 空調、白モノ家電事業の成長戦略および実現に向けての課題を見える化・共有化する。
② 経営陣から一般の従業員に至るまで、あらゆる業務の規範となる普遍的な価値基準を打ち立てる。
③ 従業員ワークショップを通じて上記に取り組むことにより、従業員の心の一体化と現場改革の推進を促す。

この方針を受けて、二〇〇六年五月から八月かけて知的資本評価を実施し、それと並行して、出身母体に関係なく従業員が共感でき、また外部ステークホルダーの期待も踏まえた、新会社の精神的なバックボーンとなる価値基準（日立AP-WAY）の策定とコミュニケーションツールの制作を全国の工場・営業を含めた従業員ワークショップ展開により推進した。

目的

質問：知的資本経営導入の目的は何ですか。

回答：（山本晴樹社長、以下同）日立アプライアンスは日立空調システムと日立ホーム&ライフ・ソリューションという事業体の異なる二社が合併し、設立されました。産業構造上、国内における白物家電は成熟産業です。そのような状況の下では、まず前提としてマーケティング力、モノづくり力など総合的な力を保有していること。その上で、事業を正しく方向付けるための価値観が創出され、それを従業員が共有し、誇りとすることができれば、今後も事業の拡大は成功するはずだと私は思ったのです。ここで働いている従業員が「私は日立アプライアンスで働いている」と堂々と言える、誇りを持てる会社にしたい、それが私の目指す日立アプライアンスの姿でした。そのためにはまず自分達の強みと課題点を、外部のコンサルタントの視点も取り入れ、統合後の新会社としての文化のつくりこみから始めることが必要だと思ったのです。そしてその文化は従業員が共感でき、外部のステークホルダーの期待を踏まえたものであるべきだと考えていました。

知的資本経営の効用

同社の経営統合時からスタートした知的資本経営の手法を活用した価値創造プロジェクトの精神は二〇一一年四月現在も脈々と受け継がれている。各実施フェーズにおいて次のような成果が見られる。

第一フェーズ―知的資本の可視化によるステークホルダーの認識の共有

同社の事業部門である、空調部門、家電部門、オール電化部門の三部門ごとに知的資本評価を実施し、同社を支える知的資本である人的資本、組織資本、関係資本ごとに評価され、それぞれの強み、弱みについて包括的に可視化された。

質問：知的資本評価（社内外のステークホルダーの声）が、文化のつくりこみをするための要素として役立ったということでしょうか。

回答：もちろん、現場の生の声を拾い上げてもらえることは重要でしたね。だけどそれらの要素だけでは、幹部を含めてきちんと納得性のある議論にはならないものです。生の声はあくまでもパーツですからね。納得性を生んだのは、知的資本評価（IC Rating®）という方法論に裏付けされていたからだと思います。ベースにこの手法がなければ、ステークホルダーのコメントだけでは絶対に納得性がないですよ。ですから私は自社の知的資本が数値とコメントで把握でき、格付けが出るという三つの点が揃っているところを評価しています。

第二フェーズ―新価値基準策定プロセスにおける人心の融和

質問：知的資本評価後のフェーズで、価値基準創出のための経営層を対象としたワークショップを実施しましたが、そのことにより何か変化はありましたか。

回答：事業をリードしていく立場にある人は、それぞれ育った環境が違いますから、各人が持つＤＮＡも当然ながら違うといえるでしょう。そしてそのＤＮＡがワークショップでの議論の後に、すぐに変

図表 7-5　IC Rating® の全体像

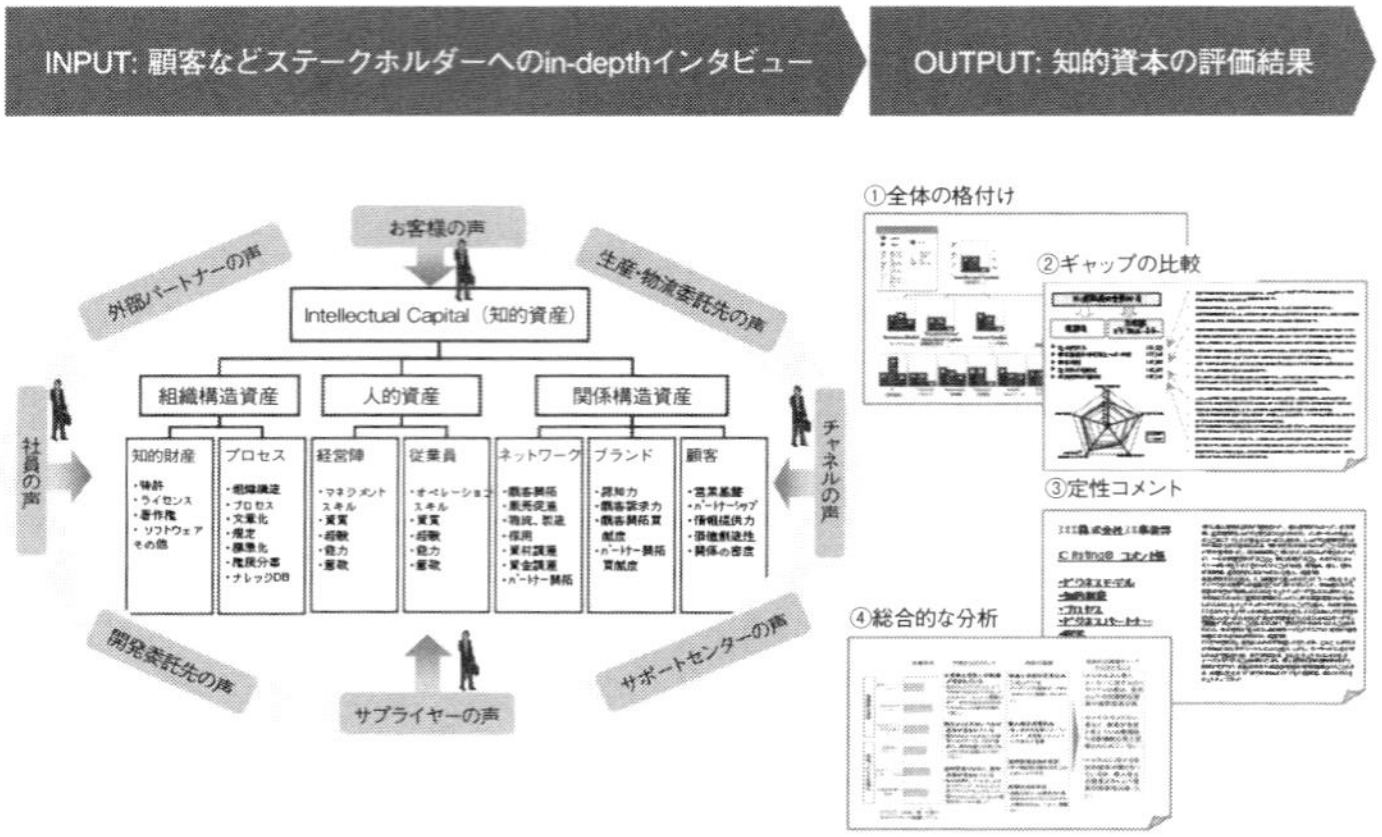

化するかというと、それは難しいでしょうね。しかしIC Rating®やその後の経営陣、各事業部毎のワークショップを通じて、きちんともう一度自分自身を見直す機会を持てたということが、非常に大きな意義があったと思っています。

皆それぞれ一生懸命やっているのですが、果たしてその行動が正しい戦略、正しい認識、正しい価値判断に基づいているといえるのかどうか。誰かの意見が正しいとか間違っているということではありません。しかし、ある局面、ある市場においては正しいはずのことが間違いになるのかもしれない。そのことを分かり合うためには、お互いを知り、考えをぶつけ合うことが必要なのです。ですから、今後正しい方向に進み続けるための、共通の価値基準を創出することが、ワークショップの目的でした。

ワークショップを通じて、心の中の漠然とした思い・考えを、五つの価値基準に収斂したわけです。自分自身の思考を整理でき、経営を担う立場として、今後の事業姿勢を五つの言葉に集約・整理できたことが、経営層にとって一番の効果だったといえるのではないでしょうか。また、これを経営層の考えだけでつくり上げたのではなく、従業員ワークショップを通して従業員の気持ちも吸い上げた上で、新会社として何を大事な価値基準としていくかを決めたということも大きいと思います。

第三フェーズ―新価値基準に基づく現場改革の徹底・継続（二〇〇六年～二〇一一年現在も継続中）

同社は、全社の声、および外部重要ステークホルダーの期待を反映した新価値基準をいかに浸透させ、現場改革につなげていくか、そして、中期経営計画をいかに実現させていくかを全社の命題とし、コーポレート部門と家電事業、空調事業が一体となって、商品戦略から始まるすべての業務を徹底的に見直す活動を展開した。

例えば家電事業においては、「高付加価値のダントツ商品」にフォーカスし、商品カテゴリーごとに、首位または二位に入ることをターゲットとし、それを実現するための商品企画、ものづくり、マーケティング、物流改革などバリューチェーン全体にわたる抜本的な改善を継続的に行った。その根幹を支える活動スタイルが「Sプロ」と呼ばれるバリューチェーン横断の改革プロジェクトである。この「Sプロ」の成果としては、家電五製品（冷蔵庫、洗濯機、掃除機、炊飯器等）で、シェアが首位、もしくは二位を達成し、二〇一〇年度の売上は二〇〇五年比で一・六倍に成長。市場に受け入れられる高付加価値製品を実現しただけでなく、同時に驚異的な原価低減も進め、物流リードタイムも劇的に改善するなど、事業基盤の強化もはかられ、プロジェクトの成果は著しいものであった。

第四フェーズ―二〇一一年四月〜

二〇一一年四月より新社長となった山本晴樹氏は、「同社の持続成長の源泉は、合併時における知的資本評価によるアプライアンスの隠れた価値を可視化し、経営チームだけでなく、現場の社員一人ひとりに納得、共感を得た浸透活動」と評している。同社は現在知的資本評価をグローバルに拡大し、グローバル戦略の実現にむけて大きく舵を切っている。同社のさらなる飛躍が大いに期待できる。

まとめ

本章のおわりに、知的資本を評価、マネジメント、開示する重要な項目として次をあげる。

① 企業の合併、統合時において、企業統合の鍵となるのは、企業を「知的資本の集積」場として認識し、企業の非財務的価値の重要性を認識する。

② 企業を取り巻くステークホルダーとの関係性を特定化すること。
③ ステークホルダーの認識のズレを明確化し、調整する。
④ 企業の「見えざる価値」を可視化し、自社の強みと弱みを認識し、相互補完すべき知的資本を特定化させる。
⑤ 企業をリードする経営チームにて、社内外のステークホルダーである社員、取引先、顧客などに理解、共感されるビジョンを提示する。
⑥ ビジョン実現にむけた経営計画を知的資本からの価値創造ストーリーをつくる。
⑦ 一年の活動結果を財務的な成果にとどまらず、知的資本の質、量がどのように増加、減少してきたかを、社内外のステークホルダーに開示し、企業の実体価値を正しく理解、共有し、市場価値（時価総額）を形成する。

参考文献

野中郁次郎・竹内弘高著、梅本勝博訳、一九九六『知識創造企業』、東洋経済新報社。
Baruch, L., 2001, *Intangibles*, Brookings Institution Press.
Burton-Jones, A., 2001, ***Knowledge Capitalism***, Oxford University Press（野中郁次郎・有賀裕子訳、二〇〇一『知識資本主義』日本経済新聞社）.
Drucker, P. F. 1946, *Concept of the Corporation*, John Day Company（上田惇生訳、二〇〇五『企業とは何か』ダイヤモンド社）.
Drucker, P. F. 1993, *Post-Capitalist Society*, Harper business（上田惇生他訳、一九九三『ポスト資本主義社会』ダイヤモンド社）.

Sullivan, P. H. 2000, *Value Driven Intellectual Capital: How to Convert Intangible Corporate Assets Into Market Value*, John Wiley & Sons（森田松太郎監修、船橋仁他訳、二〇〇二『知的経営の真髄』、東洋経済新報社）.

Teece, D. J., G. P. Pisano and A. Shuen, 1997, "Dynamic Capabilities and Strategic Management," *Strategic Management Journal*, Vol. 18, Iss. 7.

■執筆者紹介

森田　松太郎（もりた　まつたろう）　第1章・第2章

日本ナレッジ・マネジメント学会　理事長

研究・活動分野：KMの実践についてプロジェクト立ち上げ、企業のKM指導、JAの組織に普及をはかる（雑誌『JA』に毎月連載中）。

主著：『撤退の本質』日本経済新聞出版社、2007年（共著）。

『脱「資本効率」の経営』日本経済新聞出版社、2008年（共著）。

『経営分析入門（4訂版）』日本経済新聞出版社、2009年。

大西　幹弘（おおにし　みきひろ）　第3章

名城大学　経営学部教授、KM学会理事（東海部会部会長）

研究・活動分野：好業績企業のコアビジネス・コアコンピタンスとコア・ナレッジ分析、経営者の暗黙知、組織の暗黙知の研究、企業経営におけるナレッジの役割の理論的分析。

主著：「武蔵精密工業の研究」January, 2009。

「シイエム・シイのコア・ナレッジ」July & October, 2009。

「プロトコーポレーションのコア・ナレッジ」April, 2011。

（いずれも『日本ナレッジ・マネジメント学会東海部会季報（電子版）』所収 http://www.kmsj.org/tokai/）

喜田　昌樹（きだ　まさき）　第4章

大阪学院大学　企業情報学部教授、KM学会理事（組織認識論研究部会部会長）

研究・活動分野：データマイニングおよびテキストマイニング等のビジネスインテリジェンスに関する研究と組織認識論研究が中心。伝統産業のビジネスシステムの研究から、現在陶磁器産地の比較分析を行っている。その中で作家同士の「場」の問題なども研究している。

主著：『組織革新の認知的研究』白桃書房、2007年。

『テキストマイニング入門：経営研究での活用法』白桃書房、2008年。

『ビジネス・データマイニング入門』白桃書房、2010年。

松本　雄一（まつもと　ゆういち）第4章
関西学院大学　商学部教授、KM学会学会員
研究・活動分野：組織における技能形成、実践共同体研究。
主著：『組織と技能』白桃書房、2003年。
『「型」と「場」のマネジメント』かんき出版、2008年（分担執筆）。
『1からの経営学（第2版）』碩学舎、（分担執筆、近刊）。

山崎　秀夫（やまざき　ひでお）第5章
株式会社野村総合研究所　シニア研究員、KM学会専務理事
研究、活動分野：情報組織論、情報化社会論、ソーシャルメディア論。
主著：『Ustreamと超テレビの時代』インプレスジャパン、2010年。
『スマートテレビで何が変わるか』翔泳社、2011年。
『Google＋の衝撃』ベストセラーズ、2011年（共著）。

進　博夫（しん　ひろお）第6章
有限会社アルシノーバ　代表取締役、KM学会理事（国際部長）
研究、活動分野：ITプラットフォーム上のKM研究。個人・組織の創造性の最大限発揮を目指す、人間尊重、社会的価値重視の経営、実践企業研究。それに基づく支援活動。
主著：『知識コミュニティにおける経営』シュプリンガーフェアラーク東京、2005年（共訳）。

船橋　仁（ふなはし　ひとし）第7章
株式会社ICMG　代表取締役社長、KM学会学会員
研究、活動分野：2001年知的資本格付会社ICAB Sweden社と企業価値評価手法「IC Rating®」を共同開発。企業の持続的成長を実現させる知的資本経営手法を研究および実践。
主著：『知的経営の真髄』東洋経済新報社、2002年（共訳）。
『知的資本経営のすすめ』日本生産性本部、2009年（編著）。

■場《ば》のチカラ
—プラスアルファの力を生みだす創造手法—

〈検印省略〉

■発行日——2012年5月16日　初版発行

■監修者——日本《にほん》ナレッジ・マネジメント学会《がっかい》
■編著者——森田松太郎《もりたまつたろう》
■発行者——大矢栄一郎
■発行所——株式会社　白桃書房《はくとうしょぼう》
〒101-0021　東京都千代田区外神田5-1-15
☎03-3836-4781　Ⓕ03-3836-9370　振替00100-4-20192
http://www.hakutou.co.jp/

■印刷・製本——シナノパブリッシングプレス

ISBN 978-4-561-22587-4 C3034

「日本ナレッジ・マネジメント学会業書」発刊にあたって

当学会は平成一〇年設立以来既に一四年を経過した。その間に世界経済および日本経済も大きな変貌を遂げている。当学会は主として実務家を中心に設立されたが、昨今は学者と実務家のジョイント研究で実務を中心とした研究を行っている。

業書のコンセプトは実務の中から学び取った知識を単に学会の中に蓄積するだけでなく広く世の中に発表して、経営の改善に資することが目的である。学会の構成メンバーは多岐にわたり、多様な社会の現象、とくに現場の知を暗黙知のレベルから表出化して組織知とし、そのスパイラル発展の上で価値創造の役に立つことを目指している。

地球上に人類が出現して以来、経験に裏打ちされた知識は膨大である。その知識の内、火の発見と利用は人類と他の動物と厳しく分けている。平成二三年三月一一日に発生した東日本大震災は単に地震と津波だけでなく原子力発電についての知識が足りなかった事を教えてくれた。

残念なのは、今回の地震と津波の規模は想定外であったとの声が聞こえるが、過去一〇〇〇年に限って見ても数次にわたり同規模の災害に見舞われていた事が判明している。それらの知識を有効に利用出来なかった事が問題である。数ある経験からきた膨大な知識を生かすのは人間の知恵である。

本学会の持っている知識と知恵についての研究成果を白桃書房より叢書として発行することになった。世の中の役に立ちたいと考えている。

平成二四年四月

日本ナレッジ・マネジメント学会　理事長

森田　松太郎